まえがき

「先生。3年でも、5年でもいい。ことばの教室を1年でも長く担当してほしい。通常学級のように1年で替わっていいような場所ではないんです」

同僚の先生は、私にこのことばを残して定年退職しました。先生の周りにはたくさんの教え子が花束を持って、涙ながらに集まっていました……。

「むりやり人事」でことばの教室担当に「させられた」私は、その後、「通常学級に戻らないか」というお誘いもお断りしました。気づいたら、20年以上にわたって、ことばの教室を担当させていただいています。この先輩の先生の背中を見て、引き継ぐ使命を感じたからです。

一方、担当する周りの先生方は次々と交替していきました。2、3年目で「教える立場」になりました。

でも、教えてほしいのは私の方でした。何をして良いのかわからず、指導の成果も上がりませんでした。当時は、保護者からの信頼も得られませんでした。

この本は、ことばの教室などの通級指導教室を初めて担当した先生が、クイズを通して研修できるように構成したものです。一問一問に、私自身の失敗体験を、そして少しでもお役に立ちたいという願いを込めています。

すべては「選択」です。「正解」は一つではないでしょうが、「第一選択」はあるはずです。

実際によくある事例を取りあげています。クイズを通して、子ども理解と指導のお役に立てば幸いです。

なお、本書では、「通級による指導」の対象となる障害をすべて扱っているわけではありません。ご了承ください。

髙川　康

この本の読み方

1　各クイズの「解答例」は「一般例」です。事例によっては「正解」が異なるかもしれません。ただし、一般論をおさえることが、応用につながります。

2　「YouTube動画」をスマートフォンなどで読み取ると、関連する内容の動画を見ることができます。その際、携帯付属のスピーカでは、クリアな音が再生できないかもしれません。外部スピーカに接続すると、構音をよりクリアに聴き取れます。

3　「障害名」は、現在の文部科学省の用語を使っています。

4　プライバシー保護のため、子どものエピソードは、複数の事例を混ぜて再構成しています。

なるべく、大きいスピーカで再生を

初めてことばの教室
を担当した先生へ

　初めてことばの教室を担当した先生は、何をどうやっていいのか、とまどっているのではないでしょうか。

　まずは慌てずに、しばらくの期間は子どもと楽しく遊び、信頼関係を作ることを重視してはどうでしょう。

　「治そう」と思うと、子どもに加重な負担をかけたりするものです。

　「この先生となら話したい」「遊んでやるか」と子どもに思われるぐらいがちょうど良いのです。

　遊びながらも、一方では、子どもがどんな条件でどんな反応を示すか。その子の好きな遊びは何か、発音の専門的な検査の前に、一人の人間として聴いてみてどうかなど、まず指導方法よりも、子ども理解を重視してください。

　指導が終わった後は、何でも気づいたことを「指導記録」に書き込みましょう。子どもの長期の成長に気づくでしょう。

　最良の「指導書」とは、どこか遠くにあるだけではなく、その子自身が「指導書」となるのです。

　子どもをよく観察し、学級担任、保護者からも情報をいただき、何が問題なのかを考えてみてください。そして、専門書にあたってみてください。

　初めにハウツーものだけでなく、障害やその子についての深い理解が、その子に合った指導につながります。

　わからないことがあったら、他のことばの教室の先生に遠慮なく聴いてください。指導を見せてもらってください。

　そして、3年はやってみてください。

　この教育が深い子ども理解に根ざした「教育の原点」であることに気づくでしょう。

もくじ

まえがき 1
この本の読み方 2
初めてことばの教室を担当した先生へ 3

1 構音障害 5

2 吃音 63

3 言語発達遅滞 77

4 学習障害 91

5 情緒障害 105

6 行動面（自閉症・ADHD を含む） 119

7 難聴 133

8 法律面 147

9 教育相談 161

10 アセスメント・検査 175

あとがき 189
参考文献 190

> # 1
> ## 構音障害
>
> ことばは「治す」ものでなく
> 「育てる」もの

ベーシックドリル

○×で答えてください。×の場合は正答を考えましょう。

❶ 「カ行」が「タ行」、「サ行」が「シャ行」など、音が置き換わることを「歪み」という。

❷ 「カ行」が「タ行」になるが、いつもではない場合を「浮動性あり」、いつもの場合は「一貫性あり」という。

❸ 「カ行」は、硬口蓋音である。

❹ 「カ行」は、破擦音である。

❺ 「シチジ」が一音一音、歪みで一貫している場合、「シチジ」のつく単語をたくさん言わせる練習から始める。

1 構音障害

解答と解説

❶ ×

「歪み」ではなく「置換」。

構音障害は、「置換」「歪み」「省略」の3種類に分けられます。詳細につきまして後述しますが、この3種類を鑑別することが重要です。
「置換」だと思っていたら、「歪み」だったということがあります。よくある例は、以下の通りです。

「キギ」が「チジ」に置換？	舌の動きを見たところ、呼気が舌の横から漏れ出ていた→歪みと判明
「カ行」が「ア行」に省略？	「アカアカ」と交互に言わせたところ、「ア△ア△」（△は喉を締め付けられたような発声）。→歪み（声門破裂音）と判明

❷ ○　　**❸ ×** カ行は軟口蓋音。　　**❹ ×** カ行は破裂音。

❺ ×　一音、一音（単音節）から歪んでいるときは、単語レベルの練習は早すぎます。

練習の順序

確実にできてから、次のレベルへ。

解答と解説

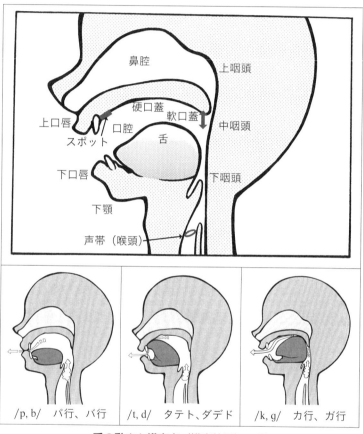

舌の動きと構音点（構音位置）の例

音によって、産生する部位が違う。

自分の舌などの動きを鏡に映しながら発音してみよう。

1 構音障害

解答と解説

構音点（構音位置）と構音方法

構音方法 \ 構音位置	両唇音	歯茎音	歯茎・硬口蓋音	硬口蓋音	軟口蓋音	声門音
破裂音	p b	t d			k g	
通鼻音	m	n		ɲ	ŋ	
摩擦音	ɸ	s	ɕ	ç j		h
破擦音		ts dz	tɕ dʑ			
弾　音		r				

⟵ お口の前方　　　　　　　お口の後方 ⟶

構音点（構音位置）と構音方法（カタカナ）

構音方法 \ 構音位置	両唇音	歯茎音	歯茎・硬口蓋音	硬口蓋音	軟口蓋音	声門音
破裂音	パ行 バ行	タテト ダデド			カ行 ガ行	
通鼻音	マ行	ナヌネノ		ニ ニャ行	カ゜行	
摩擦音	フ	サスセソ	シ シャ行	ヒ、ヒャ行 ヤ行		ハ
破擦音		ツ、ズ	チ・チャ行 ジ・ジャ行			
弾　音		ラ行				

> 発音は、構音点と構音方法との組み合わせで捉える！

⟵ お口の前方　　　　　　　お口の後方 ⟶

解答と解説

構音障害とは

話し手が聞き手に不自然な印象を与えてしまう状態、あるいは話し手自身が自分の構音を誤っていると感じる状態。

構音は年齢とともに獲得していく。

年齢相当の構音の誤りは、構音障害ではない。

> 例)「サカナ」→「チャカナ」
>   3歳児で困り感がない → 構音障害ではない
>   7歳児で会話に支障 → 構音障害

地方のなまり、方言は構音障害とは言えない。

構音の誤りの分類

- **置換**(「ウサギ」→「ウタギ」など)

- **歪み**(日本語の語音として表記できない音)
    - 側音化構音(イ列、エ列音の歪み)
    - 口蓋化構音(独特のこもったような音)
    - 歯間音化構音(舌と前歯との間で発音)
    - 声門破裂音、鼻咽腔構音、咽頭摩擦音
    - 咽頭破裂音など

- **省略** 「ウサギ」→「ウアギ」(/s/ が省略)

1 構音障害

解答と解説

構音の発達のめやす

1〜3歳位	パ行、バ行、マ行、ナ行、タテト、ダデド
2〜5歳位	カ行、ガ行、キ、キャ行、ギ、ギャ行、シ、シャ行、ジ、ジャ行、チ、チャ行、ハフヘホ、ヒ、ヒャ行
4〜6歳位	サスセソ、ザズゼゾ、ラ行、ツ

> サ行、ザ行、ラ行、ツは最後に獲得する。
> 練習が必要な年齢なのか、慎重に判断する。

通級終了のめやす（例）

「**自由会話レベルで音が誤らないこと。誤った場合でも、自分で言い直しができること**」

※できれば複数のスタッフが聴いて判断する。終了判定会議では、単音節、無意味音節、単語、短文、自由会話の録音を聴いて判断する。
※学級担任や保護者などの意見も聞く。
※器質的な問題がある場合、通級を継続することが難しい場合など、個々の実情も考慮する。
※ただし、歪み音は会話レベルまで安定しないと元に戻りやすい。

問題 1

機能性の構音障害。一般に、自然改善の可能性が低いのはどれでしょうか。

❶「ライオン」→「ダイオン」
❷「サカナ」→「シャカナ」
❸「キ」が「チ」、「シ」が「ヒ」のような歪み
❹「スイカ」→「シュイカ」
❺「ザブトン」→「ジャブトン」

1 構音障害

解答と解説

❶❷❹❺は幼児期や小学校低学年にはよく見られます。一貫性や困り感がなければ、通級でなく経過観察も選択肢に入ります。

❸のような歪みは、「側音化構音（そくおんかこうおん）」を疑います。自然に改善することは少ないです。

解答例 ❸

原因による構音障害の分類

- 機能性構音障害（通級では最多）
  → 原因がはっきりしない。

- 器質性構音障害（通級では少ない）
  → 口唇口蓋裂、巨舌症、舌小帯短縮症、脳性麻痺、聴覚障害、鼻咽腔閉鎖機能不全など

- 運動障害性構音障害（通級ではまれ）
  → 脳の損傷、諸器官の筋系、神経系の病変
  （弛緩性、痙性、小脳失調性、運動低下性、運動過多性）

※舌小帯や舌が長い短い、歯のかみ合わせなどが、本当に原因なのか、舌の動きをよく見て判断しましょう（実は関係がないことも多いです）。

問題2

構音障害について、正しいのはどれでしょうか。

❶ 側音化構音での舌の緊張は、緊張の強い家庭環境が原因である。
❷ 舌の筋肉を鍛えれば、構音は改善する。
❸ 構音障害のある子には、構音指導を最優先する。
❹ 構音指導よりも、周りへの理解啓発があれば良い。
❺ 聴覚的弁別(語音を聞き分ける)能力を高める指導だけで、構音が改善する場合がある。

1 構音障害

解答と解説

❶ のんびりした家庭の子でも側音化構音になります。親子関係や本人の性格などと、構音障害とを過度に結びつけてはならないでしょう。
❷ 筋力の問題ではないことも多いです。
❸ 他にも課題があれば、優先順位を検討します。
❹ 構音障害は練習で「改善する」場合もあります。
❺ 発語器官など他に問題がない場合はありえます。

解答例 ❺

特別支援教育と構音指導

「この子は構音指導の前に、人との関係を築く必要がある。しかも浮動性があって、被刺激性もある。それよりも、一方的な遊び方だったり会話だったりすることの方が問題ではないか……」

多くの事例では、私もそう感じ、構音よりも「その他の問題」への対応が優先されるのではないかと、お話させていただくことがあります。

ただ、例えば、「カ行がタ行に一貫して置換。本人も言いづらさを訴えている」という場合はどうでしょうか。

カ行は発話明瞭度(聞き手にとってのわかりやすさ)が低くなります。しかも本人も自覚しています。「その他の問題」があるからと言って、構音の直接指導を避ける理由があるでしょうか? 特別支援教育は、一人ひとりの教育的ニーズに応えるはずです。直接的な構音指導もその中に含まれるものです。

問題3

「カ行」と同じ構音点（構音位置）なのはどれでしょうか。

❶ マ行
❷ ガ行
❸ チ、チャチュチョ
❹ ザズゼゾ
❺ ハヘホ

1　構音障害

解答と解説

カ行は「軟口蓋音」。奥舌と軟口蓋との間で破裂させます。
❶口唇音、❷軟口蓋音、❸歯茎・硬口蓋音、❹歯茎音、❺声門音
　自分の舌の動きを鏡で見ながら発音し、音との対応をイメージできるようにすると良いでしょう。

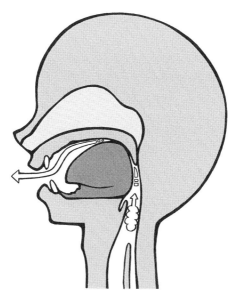

カ行音、ガ行音は、奥舌と軟口蓋との間を閉鎖して破裂させる。

解答例　❷

問題4

　就学時健診ことばの相談です。6歳、年長女児Aさん。自校に就学予定。初対面。発音の誤りを主訴に来室します。まず見る構音のレベルはどれでしょうか。

❶ 単音（節）レベル
❷ 無意味音節レベル
❸ 単語レベル
❹ 短文レベル
❺ 会話レベル

1 構音障害

解答と解説

初対面でいきなり「カカカと言ってごらん」などと指示されると、子どもは不安になるでしょう。

まずは会話や遊びで不安や緊張の軽減を図ります。

会話の中で、構音の誤りをさりげなくメモしておきます。

ある程度の信頼関係ができてきたら、詳しい検査に移ります。

解答例 ❺

Point 初回面接時の信頼関係をつくる遊び

「ことばの教室に行ったら、何をされるのだろう」
「どんな人がいるのだろう」

初めての場所は、子どもにとっては不安なはずです。

まず教育相談の予約の段階で、「おもちゃで遊んだり、少しことばのお勉強をするよ、とお子さんに伝えて安心させてください」と、保護者にはお願いしておきます。

そして来室したら、まずは子どもと遊んで、信頼関係をつくります。

プレイルームで、「エアーホッケー」「ボール遊び」など、子どもの好きな遊びに寄りそいながら、行動観察します。そして遊びながら会話します。笑顔や自発話が増えてきたら指導室に入ります。

自由会話でことばの様子を見ます。会話の中で気になる発音や内容、態度などがあったら、さりげなくメモします。発音が誤っていても指摘せずさりげなく正音を返します。信頼関係が十分にできたら、詳しい検査に入ります。

問題5

問題4からの続きのAさん。母の主訴は「トケイがトテイになる」でした。必ず掘り下げて検査する音はどれでしょうか。

❶ タ行音
❷ カ行音
❸ タ行音とダ行音
❹ カ行音とガ行音
❺ イ音

1 構音障害

解答と解説

「掘り下げ検査」は、該当音について、単音節、無意味音節、単語、短文などの各レベルでの構音の状態を評価します。

単語では、語頭、語尾、語中によって違いがあるかも見ます。

「ケ→テ」なので、カ行はすべて検査した方が良いでしょう。また、同じ構音点で破裂音の「ガ行」も、置換の可能性があります。掘り下げ検査した方が良いでしょう。

このほか、構音の全体を見た上で、掘り下げる音を追加します。

解答例　❹

構音検査のコツ

① 構音検査は聞いて、見て

聞くだけでは正確な評価になりません。

舌の動きも見ます。

口の中をライトで照らします。

ただ、顔のそばで照射すると、子どもが気になってしまいます。

LEDのピンポイントライトは光の拡散が少ないため、遠くから照射しても口の中だけが照らされます。まぶしがられることがありません。百均で十分便利に活用できます。

絞り調整できる
百均LEDライト

問題6

問題4からの続きのAさん。会話と遊びのあと、まず『ことばのテスト絵本』を実施しました。すると、「カ行」「ガ行」のうち、いくつかの音に置換が見られました。

そして以下のように、「カ」の単語レベルの掘り下げ検査をしました。単語レベルでの不足の検査を挙げてください。

復唱（まねして言う）

かさ　→　タサ
かき　→　タチ
かばん　→　タバン
かみなり　→　タミナリ

---

1 構音障害

解答と解説

単語の検査では、語頭（単語の最初）、語尾（単語の最後）、単語の途中（語中）のそれぞれが必要です。「音のわたり」によっての違いを見るためです。

問題例では、「カ」が語頭にしかないので、例えば以下の単語を付け加えます。

語尾例「アカ、セナカ、ハーモニカ」
語中例「サカナ、トナカイ、ハンカチ」

また、単語レベルだけでなく、単音節、無意味音節、短文、会話の各レベルも見ます。「キクケコ」「ガギグゲコ」も見ます。

解答例 「語尾、語中に『カ』のつく単語」

構音検査のコツ

② はじめに「ア」をつける

特に「イキギ、シチジ」などは、口の開け方が小さいため、舌の動きが見えにくいことがあります。

始めに「ア」をつけて言ってもらうと、見やすくなります。
「アキアキアキ」って言ってみて！
「アギアギアギ」って言ってみて！　など。

問題7

　問題4からの続きのAさん。構音検査で、「カ行→タ行」、「ガ行→ダ行」の置換で一貫していることがわかりました。
　次に行なうべき検査はどれでしょうか。

❶ 口を大きく開けたまま、「んー」と言う。
❷ 口唇を閉じて「んー」と言う。
❸ 舌をポンと打ち鳴らす。
❹ ほおを膨らませ、維持する。
❺ 前歯のかみ合わせを見る。

解答と解説

　カ行、ガ行は、奥舌を挙上し、軟口蓋との間で閉鎖、破裂させます。

　奥舌と軟口蓋とによる閉鎖、つまり、口を大きく開けたまま「んー」と言えるかどうかです。

　そこで『新版構音検査』（千葉テストセンター）の「構音類似運動検査」を活用します（31ページ参照）。

　口唇を閉じた「んー」では、構音点が違います。

　❸❹❺も、優先順位の低い検査です。前歯のかみ合わせが構音に影響する場合もありますが、この置換の事例ではまず関係ないと言えるでしょう。

▶ YouTube 動画

構音類似運動　カ行ガ行「ん」1
https://youtu.be/0c8od7dklRk

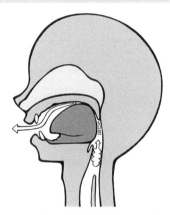

口を大きく開けたまま「んー」（口はイラストよりも大きく開ける）

解答例

問題8

　問題4からの続きのAさん。会話では、はじめ何を言っているのかわかりませんでした。しかし妖怪ウォッチの話だとわかってからは、なんとか意味が通じました。
　「発話明瞭度」を評価してください。

❶ 1度
❷ 2度
❸ 3度
❹ 4度
❺ 5度

解答と解説

「発話明瞭度」は、構音の総合的な評価に用います。
1度　よくわかる
2度　時々わからない語がある程度
3度　聞き手が話題を知っているとどうやらわかる程度
4度　時々わかる語があるという程度
5度　全く了解不能

解答例　❸

③ 構音の誤りの鑑別を

① 誤り音

　できるだけすべての誤り音を把握する。見落としがあると、指導の手立てに影響する。

② 誤りの型

　置き換え、歪み、省略の鑑別を。特に「キ」が「チ」のような場合、置換か歪みかを間違えやすい。

③ 一貫性、浮動性、被刺激性

　いつも誤る（一貫性あり）、正音のときもある（浮動性あり）、正音を聞かせると正音になる（被刺激性あり）。

④ 誤りのパターン

　例）語頭だけ、ラ→ダに置換。

問題9

問題4からの続きのAさんについて、就学時健診のことばの検査の結果のレポートをまとめ、判定会議に諮りました。

会議では、「通級をお勧めすべきだ」との意見が相次ぎました。お勧めの根拠を挙げてください。

また、今後の状態の変化により、通級せず経過観察とする最低条件を挙げてください。

氏　名	Aさん　女児　モヨロ小学校（自校）就学予定児
家族構成	父、母、本児の3人家族。両親は働いている。
構音検査	「カ行→タ行」、「ガ行→ダ行」置換一貫、被刺激性無、自覚あり。器質的な問題は見当たらない。 構音類似運動検査→奥舌「んー」は閉鎖不可。
自由会話	語いが豊富で会話が弾む
就学時健診	一斉知能検査→知的障害の疑いなし。聴力、視力など問題なし。
幼稚園情報	先生の指示はよく通り、友達関係は積極的で対等に関われる。ただ、言いにくい発音で、言いよどむことがある。
生育歴情報	首の据わり0歳3ヶ月、独歩1歳0ヶ月、指差し0歳10ヶ月、一語文1歳0ヶ月、二語文2歳0ヶ月、1歳半健診問題なし。 3歳児健診では「発音は様子をみましょう」と言われる。

1 構音障害

解答と解説

解答例
○通級をお勧めする根拠
- ❶ 本人が自覚し、困り感があること
  →言いよどむということは、本人も自覚し、困っていると思われます。二次的な心理的問題に移行する前に、早めの手立てが必要です。
- ❷ 置換が「カ行、ガ行」であり、発話明瞭度が低いこと。
  →「カ行、ガ行」は、発話明瞭度(通じやすさ)に大きく影響します。
- ❸ 置換が一貫していて、被刺激性がないこと。
  →「被刺激性有」とは、正しい音を聴かせると、発音が正しくなること。被刺激性がなければ、日常生活の中での早期改善は期待できません。
- ❹ 知的な遅れがないこと
  →通級による支援は、「通常の学級での学習におおむね参加できる」ことが、判断の目安の一つです。

そのほか
- ❺ 自校なので、保護者の送迎なく通級できます。保護者が仕事をしていても大丈夫でしょう。

○通級せず、経過観察する最低条件
- ・被刺激性や浮動性が出てくることなど

問題10

サ行がチャ行に一貫して置換する小1のBさん。構音類似運動を見ることにしました。適切なのはどれでしょうか。

❶ 舌と上口唇との間で閉鎖をつくり破裂させる。
❷ 口唇を閉鎖して、呼気をためて破裂させる。
❸ 上下の前歯の間から舌をたいらに出し、舌と上の前歯との間の狭めを作り、呼気を正中から出す。
❹ 上下の前歯の間から舌をたいらに出し、閉鎖を作り破裂させる。
❺ 開口したままで「ンー」という。

YouTube 動画
問題10−1
https://youtu.be/SRDz8sMGunc

普段は言い直しをさせず、さりげなく正音を返す

1 構音障害

解答と解説

『新版構音検査』(千葉テストセンター)の「構音類似運動検査」を参照します。

❷はパ行、バ行、❹はタ行、ダ行、❺はカ行、ガ行と対応します。

構音類似運動検査

6. 構音類似運動検査　氏名：＿＿＿＿＿（　；　）実施：　年　月　日

構音部位	音		課題と実施方法	評価項目の結果	課題の判定結果 1回目	2回目
口唇	ɸ	1	検者の手のひらを吹く	口唇の狭め(できる・できない)、呼気流出(できる・できない)		
	p・b	2	口唇を閉鎖して、呼気をため破裂させる	口唇閉鎖(できる・できない)、呼気ため(できる・できない)、両唇で破裂(できる・できない)		
		2-1	2ができない場合、頬をふくらませる、ふくらませた頬を自分で押して破裂させる	頬をふくらまし(できる・できない)、両唇で破裂(できる・できない)		
	m	3	口唇をとじて、そのまま声を出す(ハミング)	口唇閉鎖(できる・できない)、鼻音(できる・できない)		
舌	s・ɕ	4	上下顎前歯の間から舌を平らに出し、舌と上顎前歯の狭めを作り、呼気を正中から出す	舌挺出・舌平ら(できる・できない)、舌と上顎前歯の狭め(できる・できない)、正中からの呼気流出(できる・できない)		
		4-1	4ができない場合、上下顎前歯の間から舌を平らに出し狭めをつくる	舌挺出・舌平ら(できる・できない)、舌と上顎前歯の狭め(できる・できない)		
		4-2	4-1ができない場合、上下顎前歯の間から舌を平らにだし、維持する	舌挺出・舌平ら・維持(できる・できない)		
	t・d	5	上下顎前歯の間から舌を平らに出し、閉鎖を作り破裂させる	舌挺出・舌平ら(できる・できない)、舌と歯(茎)の破裂(できる・できない)		
		5-1	5の破裂ができない場合、上下顎前歯の間から舌を平らに出して閉鎖をつくり、下顎を連続開閉させる	舌挺出・舌平ら・維持(できる・できない)、開閉2回以上(できる・できない)		
		5-2	5-1ができない場合、上下顎前歯の間から舌を平らに出し、維持する	舌挺出・舌平ら・維持(できる・できない)		
	n	6	上下顎前歯の間から舌を平らに出し、閉鎖した状態で声を出す	舌挺出・舌平ら(できる・できない)、鼻音(できる・できない)		
	r	7	開口したまま舌先を挙上させ、舌先を上顎前歯の裏につける	開口(できる・できない)、舌先の挙上(できる・できない)		
	k・g	8	開口したままで[ンー]をいう	開口維持(できる・できない)、奥舌の挙上(できる・できない)		
喉頭	h	9	開口して「ハーッ」と強く息をはく	「ハーッ」と息をはく(できる・できない)		

【千葉テストセンター】シート4

構音臨床研究会編(2010)新版構音検査．千葉テストセンター．

解答例　❸

問題11

　問題10からの続きのBさん。『ことばのテストえほん』(日本文化科学社)の「囁語理解」(ささやき声を聴き取るテスト)を行ない、きこえの様子をチェックすることにしました。誤っているのはどれでしょうか。

❶ わずかに有声音にして聞かせる。
❷ 検査者の口元は隠す。
❸ 静かな環境で行なう。
❹ 決められた単語を用いる。
❺ 一音ずつ区切らず、単語のまとまりで聞かせる。

1　構音障害

解答と解説

❶ 声を出してしまうと、ささやき声（無声音）になりません。

　無声音（ささやき声）　→　声帯が振動しない
　有声音　　　　　　　　→　声帯が振動する

　実際に検査する前に、何度か練習しておくと良いでしょう。

❷ 口元の動きを見て、ことばを読み取る子がいます。必ず隠すようにします。
❸ 雑音の影響で聴き取れない場合があります。
　指導室横の通路の人の声、窓の外からの音、ストーブやファンの音などに注意します。雑音は極力なくします。
❹ 単語を適当に選ぶと、音域を広くカバーしない可能性があります。
❺ 一音ずつ区切らず、音の渡りも含めて聞き取るようにします。

解答例

問題12

問題10からの続きのBさんは、「サ行→チャ行」の置換について自覚があり、練習意欲があります。知的な遅れはありません。
初期の適切な練習方法はどれでしょうか。

❶ 唇をすぼめて、ろうそくの火を消す
❷ 舌たいら（舌お皿）を作り、上顎前歯と舌との間で「スー」と出す。
❸ 「さすせそ」のひらがなを読ませる。
❹ 「さすせそ」のつく単語を言う。
❺ 「さすせそ」のつく早口ことばを唱える。

※舌たいら…問題16参照

1 構音障害

解答と解説

❶ 唇をすぼめても、サ行の構音動作には直接はつながりません。
❸❹❺ 初期の指導としては難しすぎます。

▶ YouTube 動画

「ス」の練習
https://youtu.be/Owu-4nX_VMA

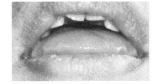	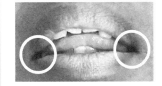
① 「舌たいら」を作ります。	② 口角に舌縁が付くようにします。
	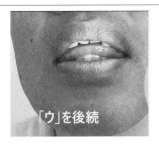
③ 上顎前歯との間から、内緒の声で「スー」と出します。	④ 口角も下顎も唇も脱力のままにします。

解答例 ❷

問題１３

　問題10からの続きのＢさんは、舌出しで、「スー」という無声の風の音は出せるようになりました。
　次に有声音で練習します。どの音から始めるとよいでしょうか。

❶ サ
❷ ス
❸ セ
❹ ソ
❺ どの音からでもよい

1 構音障害

解答と解説

　下顎の角度や口唇の形などを変えないで出せる音から始めるのが良いでしょう。

　「ス」から始め、「サ→ソ→セ」と進めるのが定石です。

　ただし、浮動性のある音があれば、その音から始める場合もあります。

　各音が単語レベルから二語文レベル以上まで獲得してから次の音に進みます。

　舌は出したままで良いです。

　すべての音が例えば単語レベルから二語文レベル以上まで安定したら、舌を中に収めながらでも出せる練習に移行します。子どもによっては、自然に収まることも多いです。

解答例

教材紹介

単調な練習を飽きさせないミニゲーム①

　ひたすら「スー」「スー」と言わせる単調な練習では、子どもが飽きてしまいます。時々ミニゲームを挟むと、驚くほど練習回数をこなすようになります。

①5回言うごとに、トランプ1枚を裏のまま渡す。②5枚並んだら、「この中にハートはあるか、ないか」と表にしてもらう。③当たったら5枚ゲット。

問題１４

問題10からの続きのＢさんは、「ス」の単音節は確実になりました。無意味音節の練習に入ります。もっとも難易度の高いのはどれでしょうか。

❶「スア」
❷「アス」
❸「チュス」
❹「スチュ」
❺「スス」

1 構音障害

解答と解説

　もともと誤っていた音「チュ」との組み合わせが一番難しいでしょう。また、「ス＋他音」よりも、「他音＋ス」の方が難しいです。
　2音節の練習だけでも、難易度の低い順序に行なうことが大切です。

❺「スス」→❶「スア」→❷「アス」→❹「スチュ」→❸「チュス」の順で進めます。

解答例 ❸

教材紹介

単調な練習を飽きさせないミニゲーム②

　10回言ったら、ゲームをしてみましょう。例：「ポカポンゲーム」「3目並べ」「あっちむいてほい」「パズル1ピースずつ渡して、10回×10セットで完成」

ポカポンゲーム

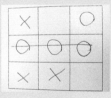

3目並べ

問題１５

　小１女児Ｃさんの教育相談です。主訴「キがチのように、ギがジのようになる」。「キ、ギ」の構音検査で、判断の参考になりにくい方法はどれでしょうか。

❶ 「キチキチ」と言わせる。
❷ 「アキアキ……」と言わせて、舌の動きを見る。
❸ 鼻息鏡を口元にあて、内緒の声で「キー」と言わせる。
❹ 「ギジギジ」と言わせる。
❺ 本人に「キ」は言えるかを尋ねる。

解答と解説

❶ 「キ」が歪み音で、「チ」が正音なら、「△チ△チ」（△は歪み音）となります。「キ」も「チ」も歪んでいる場合は、「△△△△」となるはずです。
❷ 舌背が挙上して、口蓋に接しているかを見るのは重要です。
❸ 斜めに曇れば、側音化構音の疑いがあります。
❹ ギが歪みなら、「△ジ△ジ」「△△△△」となるはずです。
❺ 低学年の子では、自分の歪み音を聞き分けるのは難しいです。

▶ YouTube 動画

「アキアキ」の正音と歪み音 https://youtu.be/Hh5uHngPB5U	

「キチキチ」の正音と歪み https://youtu.be/XsN-U35G7cg	

鼻息鏡が斜めに曇る https://youtu.be/nX0ooiv-m2I	

解答例 ❺

問題16

問題15からの続きのCさんの詳しい構音検査の結果、「イキギケゲシチジ」が一貫して側音化構音と判明しました。知的には正常範囲で、周辺情報や行動観察からも、構音以外の問題は見あたりませんでした。しかし発話明瞭度が3度と低く、自然改善の可能性が低いため、保護者同意により、通級することになりました。そして、「舌たいら」で、舌の脱力の練習をすることにしました。正しい「舌たいら」はどれでしょうか。

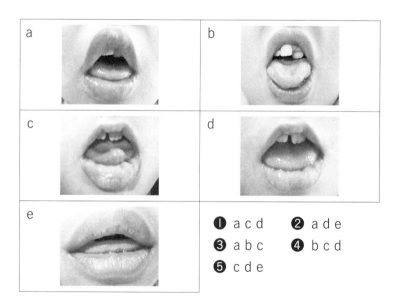

❶ a c d　❷ a d e
❸ a b c　❹ b c d
❺ c d e

1 構音障害

解答と解説

「舌たいら（お皿）」は、ホットケーキのようにやわらかい舌です。

b は、舌を出しすぎで、舌縁が緊張しているので NG です。

c は、舌尖が緊張して突き上がっているので NG です。

a, d, e は、写真で見る限りは、舌が弛緩しているので OK です。本当は、舌の奥までゆるんでいるかどうかもチェックが必要です。

舌にはたくさんの種類の筋肉が走行しており、「ゆるめて」という口頭指示だけでは難しいです。

「舌たいら」を作るには、たとえば次のような工夫が必要です。

① スティックで舌の緊張部位を軽くツンツンする。

② 舌や全身を一度緊張させ、息を吐きながらゆるめるようにする。

「舌たいら」ができたら、そのまま下顎を上下に動かすなど、難易度を上げていきます。

解答例

「舌たいら」をつくるコツ！

① 身体全体の緊張をとる。

　　上向きに寝た状態で、手足や舌を緊張させたり緩めたりする。

②「脱力」のためには、いったん緊張させる。

　　「舌を細くして、たいらにして」→「細く」を減らしていく。

③ ポッキーで、舌縁を軽くツンツンする（ただし逆効果の場合もある）

問題17

　問題15からの続きのCさん。舌たいらが完成したので、舌出しの「イ」を練習することにしました。初期の指導で適切なのはどれでしょうか。

❶「イ」のつく単語、文をたくさん読ませる。
❷「アイウエオのイを練習するよ」と予告する。
❸「舌たいら」から動かさず、「エ」のような「イ」を模倣させる。
❹ 歯磨きをしながら「イー」と言う。
❺ 左右の口角を強く引いて「イー」と言う。

1 構音障害

解答と解説

　側音化構音で「イ」が歪んでいるときは、「イ」から指導します。「イ」が完成しないと、他のイ列音の練習もうまくいかないことになります。

❶ 音が歪んだまま、文字を読んでも改善しません。
❷ 予告してしまうと、従来の歪み音の「イ」になってしまいます。
❹ 歯磨きなど余計な刺激を加えるのは、脱力どころではないでしょう。
❺ 口角の力も抜かなければなりません。

口角を引きすぎです。

解答例　❸

単調な練習を飽きさせないミニゲーム③

　「昔々、おばあちゃんが川で洗濯していると、（子どもの好きな物）が流れてきました。ゲットするには呪文を10回唱えます。『スー、スー』はいどうぞ！」「10回言ったら、手持ちバトルカードが増える」「輪ゴム鉄砲のゴムが増える」など

問題18

問題15からの続きのCさん。3回の指導で舌出しの「イ」が完成したため、次に「シ」を練習することにしました。初期の指導で不適切なのはどれでしょうか。

❶ 「『シ』の練習をするよ」と本人と確認する。
❷ 舌を出しながら、上口唇との間に狭い隙間を作って、息を出し、「風の音」を作る。
❸ 風の音が安定して作れるようになったら、舌出しのまま息を出し、声を付けて「シー」音を作る。
❹ 練習時、口角や顎などにも力が入らないようにする。
❺ 舌背が挙上するようなら、前のステップに戻る。

▶ YouTube 動画　問題を動画で見る

問題18「シ」の練習
https://youtu.be/vM7VF6iXs0I

1 構音障害

解答と解説

❷❸❹❺ 側音化構音の指導の代表的例です。

❶ 初めに練習音を意識させると、歪みの癖から離れにくくなります。「今までにない全く新しい音を練習するよ」という説明をします。ひらがなでなく、子どもが見たことがないような記号（発音記号で良いでしょう）を見せて練習します。

そして「無意味音節」で正音が安定して出せるようになってから、「実はそれが『シ』だよ」と告知します。

解答例

教材紹介

初めて見る記号で、新しいことばを

ひらがなを見せて練習すると、既に習得してしまった誤音を思い出させるので、修正が難しくなります。

見たことがないような記号を見せて、「新しいことばを練習するよ」と教示します。

全難言協（全国公立学校難聴・言語障害教育研究協議会）のホームページ（http://www.nangen.jp/）の「教材の部屋」には、「構音指導の補助教材（音のイメージイラストなど）」があります。

問題19

問題15からの続きのCさんの指導について、この時点で、個別の指導計画の3ヶ月の短期目標の設定をすることにしました。適切なのはどれでしょうか。

❶「シ」の正音が、単語レベルまで出せるようになる。
❷「シ」の正音が、会話レベルまで出せるようになる。
❸「イシチジキギケゲ」の正音が、単音節レベルで出せるようになる。
❹ イ列音が改善する。
❺ 発音が改善し、聞き取りやすくなる。

1 構音障害

解答と解説

❷ 一つの音が会話レベルまで改善するのを待つのは、効率的でないでしょう。短文レベル程度まで習得したら、次の音に移ると良いでしょう。

❸ すべての誤り音を横断的に指導すると仕上がりが安定しにくいでしょう。1音につき、少なくとも単語～短文レベルまで練習してから次の音に移ると良いでしょう。また「イ」→「シチジ」→「キギ」のように構音点が同じ音ごとに順番を組み立てると良いでしょう。

❹ イ列音のうち、どの音から指導するのか曖昧です。

❺ どの音が、どの程度改善するのをねらうのか曖昧です。

解答例 ❶

教材紹介

爆笑「ました」ゲーム

2語文レベルが安定してきたら、チャレンジしてみましょう。笑いながらでも正音が出せるでしょうか。文が成立したらカードゲット。

絵カード	＋	「○○ました」文字カード
(固定する)		(1枚ずつめくる)
りんご	を	「はっしゃ<u>し</u>ました」×
りんご	が	「なかなおり<u>し</u>ました」×
りんご	を	「たべま<u>し</u>た」○カードゲット

「ました」文字カード集　ダウンロード
http://file.kotobaroom.blog.shinobi.jp/masita.pdf

▶ **YouTube動画**

「きました」ゲーム　解説付1 https://youtu.be/tsgfUPawkZ4	

問題20

　問題15からの続きのCさんは単語レベルの練習に入ったとたん、音韻に混乱が見られました。調べた結果、音韻分析力も低いことがわかりました。「耳を育てる練習」（聞き分け練習）を併行して行ないます。優先順位の低いのはどれでしょうか。

❶ 単語のどの位置に「シ」があるか。
❷ 会話中の自分の「シ」は正音か、歪み音か。
❸ 読み聞かせで「シ」音が聞こえたらボタンを押す。
❹ 単語の中に「シ」はあるか、ないか。
❺ 「アシタ」から「シ」をとったら？

1 構音障害

解答と解説

❷ 低学年児には、会話中の正音と歪み音の聞き分けは難しいです。
❶❸❹❺は、単語レベルの練習で必要な基礎的な力です。

❶は「語内位置弁別」、❸❹は「抽出」、❺は「削除」に当たります。いずれも、単語レベルの練習に必要な力です。

解答例 ❷

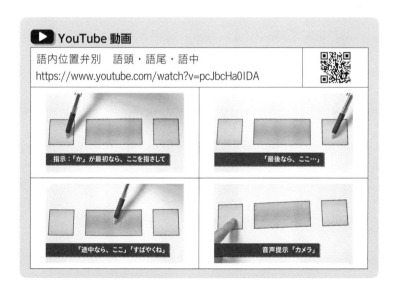

問題21

問題15からの続きのCさん。「シチジ」を短文レベルまで習得しました。残ったのは「キギケゲ」です。現状での不適切な指導はどれでしょうか。

❶ 「(内緒の声) クイー」から「キ」を導く。
❷ 「グイー」から「ギ」を導く。
❸ 「(内緒の声) ケイー」から「キ」を導く。
❹ 「(内緒の声) クエー」から「ケ」を導く。
❺ 「グエー」から「ゲ」を導く。

▶ YouTube 動画

問題21
問題の実際の映像が見られます。
https://youtu.be/yHq9Wdw3rIQ

1 構音障害

解答と解説

❸ まだ「ケ」は歪んだままです。歪んでいる音を用いて練習しても、歪むだけです。

正音と組み合わせるようにします。
そのためには、どの音が歪んで、どの音が歪んでいないのか、検査で正確に把握しておく必要があります。
正音と感じていても、舌の動きなどを見て、歪んでいることもあります。耳で聞くだけでなく、目で見るようにします。

解答例

側音化構音の指導のポイント

① 顎や舌の偏位の修正よりも、舌の脱力が重要である。
② 正誤弁別に時間をかけすぎない。
③ エ列も側音化の場合は、エ列を先にするとやさしい場合がある。
　 ただし、イ列が先にできると、エ列の練習はやさしい。
④ 舌をたいらにし、軽く出すと、舌背が挙上しにくい。
　 無意味音節〜単語程度まで、練習音のみ舌を軽く出して練習する。
⑤ 舌が自然に出なくなっても歪まなければ良い。
　 歪んだ場合は、また舌たいらを意識させる。
⑥ 歯列矯正しただけで、側音化が改善することはない。

問題22

問題15からの続きのCさん。「クイー」→「キ」への漸次接近法で練習することにしました。指導者の音声提示で適切なのはどれでしょうか。

❶「クイー」で音声提示するが、「イー」の後続母音は短く。
❷「ク」と「イー」は一音ずつ区切って提示する。
❸「イー」の時、舌は上顎前歯に付くようにする。
❹「イー」の時、左右の口角を強く引く。
❺「イー」は、はっきりした「イ」でなくてかまわない。

▶ YouTube 動画

| 漸次接近法
https://youtu.be/vIsbOJnJL9E | |

1 構音障害

解答と解説

❶ 後続母音「イー」は伸ばします。
❷ 音を区切ると「クッ・イー」と2音が分離されてしまいます。
❸ 舌は挙上してはいけません。上顎前歯に付けるのは論外です。
❹ 構音点と関係のない部位は力を入れません。

解答例 ❺

▶ YouTube 動画

問題22「クイー」→「キ」への漸次接近法
https://youtu.be/VtBmvUMp7mY

教材紹介

「練習シート」──視覚に訴える

ク（内緒の声）　　　　イーーー

ク（内緒の声）イー　　　　　ク（内緒の声）イー

ク（内緒の声）イー　　ク（内緒の声）イー　　　キー

※文字は提示しません。
※たまに音声提示を「キー」にします。歪んだら「クイー」に戻します。
※舌が挙上していないか、常に観察しながら練習します。

・「練習シート」ダウンロード
http://file.kotobaroom.blog.shinobi.jp/rensyu.pdf
または「ことばの教室 Therapist's homepage」から「構音練習シート」を検索

問題23

就学予定女児についてのケース会議がありました。構音の掘り下げ検査で足りない音があります。その音は何でしょうか。

名　　前　　ことば　花子
主　　訴　　発音がうまくできない
家族構成　　母、子の2人家族
教 育 歴　　セラピスト幼稚園（3年保育）
いつから気になったか
　年中の時、先生に指摘された
　幼児ことばの教室がなく、相談できず
生 育 歴　　定頸0歳3ヶ月、ハイハイ0歳9ヶ月、独り立ち0歳
　　　　　　11ヶ月、始歩1歳0ヶ月、喃語0歳4ヶ月、一語文0
　　　　　　歳11ヶ月、二語文1歳6ヶ月、指さし0歳11ヶ月
3歳児健診　「様子をみましょう」
幼稚園の様子
　友達とは仲良く遊ぶ。先生の指示をよく理解して活動できる。
構音掘り下げ検査
　キ→チ、ギ→ジ、ケ→チェ、ゲ→ジェ
　ツ→チュ（置換、一貫、被刺激性（-））

1 構音障害

解答と解説

「ツ→チュ」なら、サ行も掘り下げる必要があります。
なぜなら「ツ」の中に「ス」の成分も入っているからです。
内緒の声で、「ツー」と伸ばすと、「ス」が入っています。
もし入っていなければ、「トゥ」になるはずです。

「つ」は、発音記号では、/tsu/ と書きます。
「ちゅ」は、/tɕu/ 。
つまり、/s/ が /ɕ/ に置き換わっています。
「サ行→シャ行」の疑いがあります。
サ行に疑いがあるなら、ザ行も掘り下げる必要があります。
構音点が同じで、構音方法も類似しているからです。

解答例　サ行、ザ行

補習問題

次のことばを発音記号で書いてみよう。

❶ つみき
❷ 手術
❸ ついたち

補習問題の解答

❶ /tsumiki/
❷ /ɕudzutsu/
❸ /tsuitatɕi/

問題24

就学時健診ことばの相談に来室した幼児年長男児、Dさんの背景情報と検査結果です。この後の対応について不適切なのはどれでしょうか。

名　　前　　Dさん（6歳1ヶ月）
主　　訴　　きちんと話せない
家族構成　　母、子の2人家族
教 育 歴　　流氷保育園（3年保育）
生 育 歴　　出生時母年齢18歳、出生時体重3000g
　　　　　　定頸0歳3ヶ月、ハイハイ0歳9ヶ月、独り立ち0歳11ヶ月、始歩1歳0ヶ月、喃語0歳4ヶ月、指さし0歳11ヶ月、一語文0歳11ヶ月、二語文1歳6ヶ月。
　　　　　　※母は産後鬱の経過あり。
3歳児健診　　問題なし

保育園の様子
友達とは活発に遊ぶ。譲ることもでき、人気がある。本人も保育園は楽しいという。発音が原因でトラブルはない。発表もよくする。学習能力、粗大・巧緻運動、集団行動など問題はないが家に帰りたがらないことがよくある。

構音検査
サ行→シャ行（たまに置換する程度。被刺激性高い）。他の音、器質的問題はなし。

---

❶ 置換が残っているので、ことばの教室への通級を勧める。
❷ 経過を見て、再度相談を勧める。
❸ 発音以外に心配なことについて母親から詳しく聞く。
❹ 発音が誤った場合の接し方について母親に尋ねる。
❺ いつ、誰が気づいたかについて母親に尋ねる。

1 構音障害

解答と解説

　事例の構音の状態は、年齢的にはよくあることです。また、被刺激性があり、頻度は低いようです。困り感もないことから、直ちに練習が必要だとは判断できません。

　自然改善に期待するのが第一選択になるでしょう。

　保育園情報でも、話すことへの心配事は見られません。

　ここはむしろ、保護者の主訴の背景に注目します。

　ことばのことが主訴でも、実は、子育て不安が本当の相談ごとである場合があります。母親は若年出産であり、産後鬱の経過もある一人親家庭です。また、子どもが家に帰りたがらないというところも心配されます。

　面接では、心配事について傾聴するとともに、内容によっては子育て支援の窓口を紹介することも考えられます。

　そこまでではなくても、母子関係に経過観察が必要と判断されれば、「入学後、発音を見せて下さい」とつなげておきます。

　また、構音が誤った際、指摘したり、言い直しをさせたりしていないかもうかがいます。もしそうしたことがあれば、指摘せず、自然改善が期待できること、正音をさりげなく返し、会話を楽しむよう助言することが必要になります。

　いずれにせよ、主訴のことばは額面通りにのみ受け止めるのでなく、背景も含めて理解しようと努めることが大切です。

解答例

問題25

就学予定男児、Eさんの面接での会話の記録です。相談員と、Eさんとは、普段から近所づきあいがあります。

E：あのね、(き)のう　とうえんでね、まいちゃんとあそんだんだよ。
相談員：ああ、こうえんでね。
E：そう、こうえん。それでね、ブラントにのってね、シャボンダマもしたよ。なわとびもしたよ。てんだまもした。
相談員：けんだまできるの？　すごいね。
E：けんだまで(き)るよ。そして、たぜ　ふいてちたたら、さむたった。てぶとぅろしてって、おかあさんがいったたら、てぶとぅろしたんだよ。そしたら、あつとぅなったたら、ぬいだんだ。おやつの　じたんになったたら、おたあさんだ　ドゥミもって(き)て、とぅれた。でも、もうすどぅ　どはん　だたら、はやとぅ　たえって(き)てねって。

※(き)は「き」の歪み音を表す

Eさんの言語面について、評価してください。

1 構音障害

解答と解説

　言語の評価には、1）意味論的視点、2）音韻論的視点、3）統語論的視点、4）語用論的視点の4つの視点が大切です。

1）ことばの意味の理解の理解・表現に気になるところはありません。
2）「カ行→タ行、ガ行→ダ行」の置換が多く見られます。

　　ただ、相談員が正音を聴かせると、正音に変わっています。「被刺激性」があることがうかがわれます。

　　しかし、「(き)」の歪みは一貫していて、被刺激性もありません。イ列音は、すべて掘り下げて検査するとよいかもしれません。
3）「○○だから」「そして」「そしたら」など、接続詞の使用が適切で、文法構成は巧みです。
4）相談員の「ああ、こうえんでね」には、「学校でも、家でも、みちばたでもない、公園なんだ」という言外の意味があります。

　　子どもはその裏の意味を読み取って、「そう、こうえん」と応じています。もし読み取れていなければ、「だから　公園だよ。今言ったばかりでしょ」と応じるかもしれません。

　　一方的な会話は気になるところです。ただ、面接場面だけで「一方的」と決めつけてはなりません。日常の学校、家庭生活でのコミュニケーションの様子の情報が必要です。また、相談員とEさんとが普段からつきあいがあることも加味して検討します。構音だけでなく、子ども全体を理解し、指導、支援の優先順位を検討します。

解答と解説

教材紹介

だじゃれ構音練習文

単語、短文の練習には、『構音訓練のためのドリルブック改訂第2版』（岡崎恵子・船山美奈子編著［2006］協同医書出版社）が定番です。

この本がクリアできたら、「笑いながらも正音が出せる」にチャレンジしてみましょう。

ワーキングメモリに負荷をかけても正音が出せる練習を入れてみます。練習に彩りを添えること、間違いなし。

「か」	「く」
カイは、おとなかい？ イカは、やすいか？ イルカは、学校にいるか？	釧路に行くから、はやくしろ くつしたを、はっくつした このいくらは、いくら？

教材紹介

会話レベルで安定しない子に

短文レベルまでは正音なのに、会話までなかなか定着しないことがあります。音韻分析能力や、ワーキングメモリの弱さがあるのかもしれません。そこで、短文のひらがなを窓から一文字ずつ見せて、該当音を発見する課題を行ないました。やってみたところ、会話レベルへ般化した子がいました。

「す」が見えたら、ボタンを押してね。

▶ **YouTube 動画**
「す」が見えたらボタン
https://youtu.be/8qfs62piU2c

2
吃 音

お母さんのせいでも
本人のせいでも
誰のせいでもない

ベーシックドリル

○×で答えてください。×の場合は正答を考えましょう。

❶ 吃音の「三大症状」は、「連発」（音を繰り返す）、「伸発」（音をのばす）、「散発」（散発的に話す）である。

❷ 手足などを動かしてタイミングをとってから話すなどの「随伴動作」は止めさせた方が良い。

❸ 吃音について話すと、本人が余計に気にして、症状が重くなるので、話題にしない方が良い。

❹ 話す訓練によって、症状は完治する。

❺ 文章を何度か読んで、同じ部分でどもることを「適応性効果」という。

2 吃音

解答と解説

❶ ×

「連発」、「伸発」の他、「難発」(出だしのことばが詰まる)があります。一般に、連発より伸発、伸発より難発の方が症状が重いとされます。

❷ ×

目立たない動作に置き換えていく方法はあるでしょうが、急に止めさせると余計に話せなくなるでしょう。

❸ ×

相談してくれないまま思春期に入り、社会不安に陥る例が少なくありません。正面から向き合うべきです。

❹ ×

楽に話す術を学ぶ機会にはなり得ますが、症状を完全に消し去ることはできません。

❺ ×

「一貫性効果」と言います。「適応性効果」とは、音読練習を繰り返し行なうと、どもりが軽くなることです。

現在は否定されている説 (研究は日進月歩)

① 心が弱い子、自信のない子がどもりやすい。
② 母親が神経質だと、どもりやすい。
③ 緊張するから。慌てて話すから。
④ どもりを意識させるから吃音になる。
⑤ 下の子が生まれて、かまってあげていないから。
⑥ 左利きを右手に矯正したから。
⑦ きょうだいのまねをしたから。
⑧ そのうち治る。

などなど

問題26

　小2男児。自由会話時の吃音について、もっとも適切な対応はどれでしょうか。

❶ 「緊張するからどもるんだよ」と声がけをする。
❷ 「深呼吸してから言ってごらん」とアドバイスする。
❸ 別なことばへの言い換えを助言する。
❹ 本人の代わりに、できるだけすぐに言ってあげる。
❺ だまって最後まで聞いてあげる。

2 吃音

解答と解説

❶ 緊張することで吃音の症状が重くなることはあり得ますが、「原因」ではありません。緊張していなくてもことばは詰まります。
また、「緊張するからどもる」と言われても、本人はどうすればよいかわからずに困るでしょう。

❷ 子どもは自由に話したいのです。「深呼吸してから言ってごらん」「落ち着いて言いなさい」など、「話し方」に注目されると、話す意欲が低下します。「話し方」ではなく、話の内容に注目することが大切です。

❸ 子どもは使いたいことばがあります。他のことばへの言い換えの指示は、余計なお世話と言えます。
日直のセリフなど、言い換えをテクニックとして提案することはあり得ますが、選択するのは本人です。

❹ 「せっかく自分で言おうとしたのに」と思うでしょう。

解答例 ❺

問題27

　小1男児。授業や行事での吃音について、適切な対応はどれでしょうか。

❶ 吃音を意識させると症状が悪化するため、本人が話題にしても触れない。
❷ 利き手を矯正すると吃音の症状が悪化するため、矯正はしない。
❸ 発表順は原則としてとばす。
❹ 九九の暗唱では、どもらず、制限時間内に言えるようにやり直しさせる。
❺ 学芸会のセリフをどうするか、信頼関係ができたら本人と相談して決める。

2 吃音

解答と解説

吃音を意識させたから吃音になるという「診断起因説」は間違いです。

❶ 本人が吃音について話題にしたときは、真正面から聞きましょう。話題をそらされると、人に相談してはいけないのだと思うようになります。吃音は隠すべきもの、悪いものと思ってしまいます。

小さい頃から人に相談できる経験を積むことが大切です。

❷ 利き手を矯正すると吃音になるというのは、研究で否定されています。

❸ 順番をとばされると、本人は疎外感や孤独感を味わうのではないでしょうか。どうしたらよいかは、本人と相談するのが肝心です。

❹ 九九の指導は「速く言う」ではなく、計算で使えるようにすることが目的のはずです。

タイムプレッシャーを与えることは、「百害あって一利なし」。個別の目標設定など柔軟な対応が求められます。

解答例 ❺

問題28

　難発(ことばの出だしがつまる)のある小5女児。ことばの教室での指導で、適切なのはどれでしょうか。

❶ 吃音と構音障害とを併せ有する場合、構音指導は禁忌である。
❷ 本人がことばの詰まりを訴えても、話題を変える。
❸「深呼吸したら、どもらないよ」と助言する。
❹「慌てないで言ってごらん」と助言する。
❺ 本人と相談して、わざと連発で言う練習をしてみる。

2 吃音

解答と解説

❶ 構音の改善により、話し方の流暢性によい影響を与える場合があります。
❷ 相談を避けていると、子どもは「人に相談してはいけないことなのだ」と思い、吃音は悪いことだと思うようになります。思春期に入って誰にも相談できず、社会不安障害に陥る例が少なくありません。小さい頃から、人に相談できるようにすることが大切です。
❸ 深呼吸しても、吃音は出ます。
❹ 慌てるからどもるのではありません。また、「慌てないで言ってごらん」では、具体的にどうすればよいかわかりません。
❺ 軽く意図的に連発することで、言いやすさにつながる場合があります。ただ、そうした方法を選ぶかどうかは本人の意思を尊重します。

解答例 ❺

吃音関係のリーフレット

- 「全国言友会連絡協議会」では、吃音に関する各種リーフレットが無料でダンロードできます。http://zengenren.org/
- 「広島市言語・難聴児育成会」では、『吃音の正しい理解と支援のために』(2017.1) というリーフレットを公開しています。また、このほど「幼児期用」もアップされました。
https://stutteringpccafe.webnode.jp/ 「きつおん親子カフェ」

問題29

　学校ではどもらないのに、家庭ではどもる小4男児の保護者支援でもっとも適切なのは、どれでしょうか。

❶ 親子関係に問題があることを指摘する。
❷ 家庭での練習用に、音読プリントを宿題にする。
❸ 家庭での会話を制限するよう助言する。
❹ 家庭でどもる理由を本人に尋ねるよう促す。
❺ 家庭ではどもっても、たくさん話せることを大事にするよう助言する。

2 吃音

解答と解説

❶❷❸ 学校ではどもらないのに、家庭ではどもる場合、家庭に何か問題があると思われがちです。

しかし安心できる場だからこそ、安心してどもることができているのかもしれません。逆に言えば、学校では症状が出ないようにするために、常に意識して緊張している可能性さえあるのです。

家庭では症状が目立つから練習、というのは筋が違っていることになります。

❹ 本人に理由を尋ねても、答えられないことが多いでしょう。要因は複雑多岐であり、単純に因果関係で語れるものではないからです。

解答例 ❺

「様子を見ましょう」から「支援の開始」へ

ことばの発達の過程で、どもりのような症状を見せることがあります。多くの場合は自然軽快しますが、一部の子は持続します。半年から1年経っても続くようであれば、その後はずっと続く可能性が高くなります。早期の対応が必要です。

問題30

クラスメイトにことばのつまりをばかにされた小1男児。大人の適切な対応はどれでしょうか。

a 何事もなかったかのように、触れないようにする。
b クラスメイトに、ばかにしないよう指導する。
c 本人に、ゆっくり話すよう助言する。
d 本人に、同じことがあったらすぐ報告するよう助言する。
e 本人に、過去にも同じことがなかったか尋ねる。

❶ a b c
❷ a c e
❸ b c e
❹ b d e
❺ c d e

2 吃音

解答と解説

　吃音のある子にとって、まねされること、ばかにされることはもっとも心の傷になります。毅然とした対応が必要です。
　この際、本人に工夫を求めるのは筋違いです。それ以前に、ゆっくり話しても吃音は出ます。

解答例 ❹

日常生活での対応がカギ

　週１回でも、吃音についての指導を行なうことは意味があるでしょう。ただ、一番大切なのは、日常生活の大部分の時間を過ごす学級や家庭での対応です。
　「朝の会で全員の名前を呼ぶとき、ことばが出ない」
　「九九の暗唱をつまらず素速く言うことを強要される」
　「授業や行事など発表場面で、はじめのことばが出ない」
　「部活動でかけ声をタイミング良く言えない」
　これらは、小学生と付き合っていて、よく聞く話です。
　周りの人が、吃音についての基礎知識をもっているかどうかが決め手だと感じています。
　学校の先生だけでなく、地域全体への啓発も重要です。
　ことばの教室では、友達から指摘されたり笑われたりしていないか、先生への要望はないかなどを尋ねます。そして本人、家族と学校との間に入って調整するのも重要な役割です。

コラム①

「かわいそうだから、吃音には触れないで」

あたかも子どもの立場に立ったかのようなお願いです。

でも、もっともかわいそうなのは、誰も相談相手になってくれないことではないでしょうか。

5歳ぐらいになると、8割ぐらいの子は、吃音を自覚しています。「まだ小さいからわからない」ということではないのです。

大人が吃音について触れないでいる間に、幼稚園、保育園、学校では友達に笑われたり、指摘されたりしていた、ということもあります。

でも本人は相談するということ自体を知らないために、心の中にしまい込みます。そして、社会不安障害からドロップアウトしてしまう可能性があるのです。

「ことばが出にくい、言いにくいと思ったことはある？」

就学時健診や教育相談で、私は本人に必ず問いかけます。

それまで一度も聞かれたことがない子どもたちは、一瞬たじろぎます。そして、「ある」と答える子もいれば、「ない」と否定する子もいます。

「ある」と答えた子には、「お友達から、笑われたり、言われたりしたことはある？」と尋ねます。場合によっては幼稚園、保育園、学校の先生に対応をお願いしています。

「ない」と答えた子には、「そうなんだね。もしそういうことがあったら、いつでもおうちの人や先生に言うんだよ」とつなげておきます。

3
言語発達遅滞

「話しことば」の前に
大切なことがある

ベーシックドリル

○×で答えてください。×の場合は正答を考えましょう。

❶ 「言語発達遅滞」と「学習障害」は、ほぼ同じ意味である。

❷ 子どもの言語面は、例えば、「意味論」「音韻論」「統語論」「語用論」の観点で評価する。

❸ 複数の文章でまとまった意味を示すことや、助詞の扱いに関することなどを「統語論」という。

❹ 「りんご」と言われたとき、「りんごちょうだい」なのか「りんごおいしい」なのか、文脈で意味を捉えることを「意味論」と言う。

❺ 各種健診で、子どもに名前と年齢を初めて尋ねるのは、就学時健診である。

3 言語発達遅滞

解答と解説

❶ ×

言語発達遅滞は、「聞く、話す」

学習障害は「聞く、話す、読む、書く、計算する、推論する」

❷ ○

意味論	「りんご」は赤くて、果物で……など、ことばの意味についてのこと。
音韻論	「りんご」は「り・ん・ご」と3音節。 「ジンゴ」でなく「りんご」など、音韻認識に関すること。
統語論	「りんごが食べる」でなく「りんごを食べる」など、文法に関すること。
語用論	「りんご」は「りんご食べたい」なのか、「りんごがあった」なのか、文脈によって意味が変わる。言外の意味理解。

❸ ○

❹ ×

「語用論」と言います。

❺ ×

3歳児健診の時点で尋ねます。子どもが生まれてから就学までに、どのような発達を示すかの知識は大切です。

問題31

　言語発達の心配を主訴に訪れた保護者と小1男児。面接時の会話について、適切な評価はどれでしょうか。

❶ 自由会話がスムーズなので、言語発達に遅れはない。
❷ 昨日の出来事についての質問には的確に答える。言語発達に問題はない。
❸ かんたんなことばは理解できないが、難しいことばは理解できるので、言語発達に問題はない。
❹ 「りんご」とは言えないが、「赤くて、果物」と説明できるので語い不足とは限らない。
❺ 「りんごとは何か」には答えられないが、昨日の出来事は流ちょうに話せるため、言語発達に遅れはない。

解答と解説

❶❷❺ 「昨日、りんごを食べた」など、エピソードについての自由会話はできます。しかし、「リンゴとは何か」というような抽象概念が扱えるかどうかは、自由会話だけではわかりません。

❸ 難しいことばは知っているのに、簡単なことばは理解できていないことがあります。難しいことばの意味を本当はわかっていないかもしれません。語い知識と経験とが結びついているかが重要です。

❹ それは何かがわかっているのに、「りんご」という音声を思い出せなかっただけ（語想起困難）かもしれません。「『リ』のつくものだよ」というヒントでことばを思い出せるなら、「りんご」は頭の中の辞書に入っていたことになります。単に「語い不足」で片付けられません。

解答例 ❹

問題３２

　小１男児。主訴「言うことを聞かない」。WISC–Ⅳの検査結果では「知的に遅れはないが、ワーキングメモリが非常に低い」ことを示唆。通常学級担任への指導、支援の助言として、不適切なのはどれでしょうか。

❶ たくさん聞いて覚える訓練をしながら説明する。
❷ 一つずつ説明する。
❸ 箇条書き的に説明する。
❹ 図を用いながら説明する。
❺ 実際にやって見せながら説明する。

3 言語発達遅滞

解答と解説

「検査」は、苦手なところを鍛えるためでなく、得意な力を使って苦手なことを補うために行ないます。

一度にたくさんのことを説明されると混乱する場合、検査では「ワーキングメモリ」の低下となって現れる場合があります。

「ワーキングメモリ」を鍛えることを否定するわけではありません。しかし、鍛えながら、勉強しながら、というのは、本人にとっては拷問に等しいでしょう。

解答例

音韻分解すごろく ya 版オリジナル

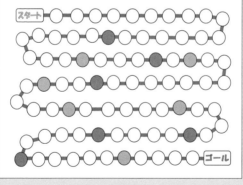

しりとりをしながら進めるすごろく。一音節に一コマずつ。長いことばがお得。赤にとまったら 5 マス進む。青は 5 マス戻る。

「ことばの教室 Therapist's homepage」「音韻分解すごろく」で検索すると、Word の生データのままダウンロードできます。子どもに合わせて改変してください。

問題33

小4男児。次の会話で、遅れを示唆させる理解はどれでしょうか。

> **子ども**「先生、消しゴムを忘れました」
> **先生**「貸してあげるからついてきて」
> **子ども**（貸してあげた後も、ずっと先生の後をつける）
> **先生**「なんでついてくるの？」
> **子ども**「だって先生がついてきてと言うから」

❶ 意味的理解
❷ 音韻的理解
❸ 統語的理解
❹ 語用的理解
❺ 固執的理解

3 言語発達遅滞

解答と解説

　「先生についていくのは、消しゴムがある場所まで一緒に行って、貸してもらうためです。貸してもらった後は、付いていく必要がないので、自分の席にもどります」という、「言わずと知れたこと」、「文脈」の理解の遅れが示唆されます。この場合、「語い」や「文法」、「音韻」の指導は意味をなさないことになります。相手のことばの「意図」の理解の問題だからです。

解答例 ❹

教材紹介

音韻分析すごろく　マルチ版

　「□のつくたべもの」など、音韻分析に関する問題が入ったすごろくです。
　「ことばの教室 Therapist's homepage」から、ダウンロードできます。エクセルファイルなので、自由に改変ができます。「ことばの教室」「音韻分析すごろく」で検索してください。

問題３４

　「ええと」が多く、会話に自信のない小２男児。知的な遅れはありません。週１回１時間の指導で適切なのはどれでしょうか。

❶ 「ええと」の回数を減らすよう助言する。
❷ 語想起を速くするため、絵カード呼称を行なう。
❸ 原則として先回りして言ってあげる。
❹ 言い終わるまで話を聞き、まとめてあげる。
❺ 早口ことばの練習をする。

3 言語発達遅滞

解答と解説

まず、「ええと」が多い背景を理解します。
① 語想起に時間がかかる、言語の遅れ
② 吃音を回避するための時間稼ぎ
③ 話すことに自信がない
④ 相手の反応を見ている
⑤ 不注意、覚醒水準の低下　など

「ええと」を「治す」というより、その背景に隠れた問題を探り、アプローチします。

「ええと」が多くても、話したい意欲を大切にします。

一方、「ええと」を気にする側の問題も検討します。

会話は楽しくするものでしょう。「話し方」へのこだわりやせっかちさが、聞き手の側にないでしょうか。

こだわりの背景に、子育て不安、イライラはないでしょうか。

解答例 ❹

話しことばだけに注目するのでなく

「ことば」というと「話しことば」に注目しがちです。

「正しい単語を使っているか」「正しい文法を使っているか」「スムーズに言えるか」などなど。

しかしまず大事なのは「理解していることば」です。

本人の心の中で、どんなことばの世界が広がっているのか、本人の立場から理解すること、会話などから本人の捉え方を感じ取ることです。

問題３５

　幼児年長男児。就学時健診ことばの相談です。
　「短い」の意味を理解していると判断できるのはどれでしょうか。

❶ 「『長い』の反対は？」と尋ねられて「短い」と答える。
❷ 「短いのはどっち？」に、いつも短い方を指さす。
❸ 「みじかい」が聴写できる。
❹ 「ミジカイ」をまねして言う。
❺ 「これは短いですか？」と尋ねられて「短い」と答える。

3 言語発達遅滞

解答と解説

❶ ただ、その質問にはそう答える、と覚えていただけの可能性もあります。
❸ 意味がわからなくても、文字は書けます。
❹ 意味がわからなくても、復唱はできます。
❺ ただ、質問のことばを繰り返しただけかもしれません。

解答例 ❷

「豆ちゃんカード」をたくさんゲットした人、または先にゴールした人が勝つすごろくです。止まったマスのイラストに関連する質問に答えます。イラストの意味は、子どもによって指導者が自由にアレンジできます。聞きたいことが聞けます。

詳細は、「ことばの教室 Therapist's Homepage」の「豆ちゃんすごろく」で検索してください。

コラム②

「言語」の前に「非言語」

ことばの教室を初めて担当して数年間は、「ことばの発達を促すにはどうしたらよいか」を考えていました。

絵カードを呼称させて、語いを増やそうとしたり、正しい助詞を穴埋めする教材を作ったりしていました。

しかし、何度繰り返しても、なかなか成果の上がらない子がいました。そのうち、プリントや絵カードを見たとたん、拒否するようになりました。

ことばの教室担当として、成果を上げなければというプレッシャーとの間で板挟みになりました。

今振り返ると、その子にはそもそも、「正しい日本語」を使うことへの関心があったのだろうか、人と気持ちを通い合わせる、共感するといったコミュニケーションへの意欲があったのだろうかと思います。

つまり「言語」の前の「非言語」のコミュニケーションです。

「ことばの学習」が子どもにとって「必然的」であるかどうかという点を見落としていたわけです。

今私は、「会話」と「遊び」も大切にしようと思っています。

「会話」によって、子どもから見て世の中はどう映っているのか、世の中に対して子どもはどう対峙しようとしているのかなどを洞察することができます。

「遊び」によって、情緒の育ち、人との共感、他者の心情や立場への気づきなど、話しことばの土台となる力の育ちにお付き合いすることも大事だろうと思っています。

4
学習障害

「指導方法」の前に子ども理解を

ベーシックドリル

○×で答えてください。×の場合は正答を考えましょう。

❶ 音韻分析能力（語音を分解したり並べ替えたりするなどの力）が低いと、文字の読み能力にも影響することが多い。

❷ 文字の読みがたどたどしいため、文章問題は苦労するが、言語理解力が高い子には、問題を読んであげるのも一つの方法である。

❸ 文字はスラスラ読めるが、文章の意味がつかめない子には、イラストなど視覚的イメージを提示する方法もある。

❹ ひらがなよりも、漢字の読みの方ができる子には、通級では、漢字を使って言語理解を育てる方法もある。

❺ 口頭で答えるのは流ちょうだが、書いて答える困難がある子には、口頭で答える課題を増やす方法もある。

4 学習障害

解答と解説

すべて ○

苦手なところを鍛えながら課題に取り組むというのは、せっかくの得意な能力をも発揮しづらくします。「ストレングス（強み）」を生かした指導が有効です。

補習問題

○×で答えてください。

❶ 文字がスラスラ読めれば、読解力も良好である
❷ 文字がスラスラ読めないのは、音韻分析能力が低いからである。
❸ 「たまご」を「たごま」と読むのは、眼球運動に問題があるからである。

補習問題の解答と解説

❶ ×
読む力と読解力とは別です。逆に、言語理解力が高くても、文字がスラスラ読めない子もいます。

❷ ×
「つ」を「し」と読むなど、視覚的な文字の認識の弱さの可能性もあります。

❸ ×
眼球運動の問題も考えられますが、音韻分析力や注意力などの問題である可能性もあります。

問題３６

　文字の読み、または書きの能力を評価するのに、第一選択ではないのはどれでしょうか。

❶ 森田 – 愛媛式読み書き検査
❷ CARD（包括的領域別読み能力検査）
❸ STRAW（小学生の読み書きスクリーニング検査）
❹ ことばのテストえほん
❺ ひらがな単語聴写テスト

解答と解説

『ことばのテストえほん』には、文字の読み書きはありません。

❶ 『森田 – 愛媛式読み書き検査（2005改訂版）』（愛媛LD研究会）
 →「聴写」「視写」「聞き取り」「読み取り」から、読み書き能力の実態（達成度と個人内差）を把握し、子に応じた学習支援へつなげるための検査。対象は小学2～6年生。

❷ 『CARD（包括的領域別読み能力検査）』（奥村智人他著、株式会社スプリングス）
 →読みの能力を「語い」と「上位プロセス」「下位プロセス」とに分けて捉える。「下位プロセス」は、「ことば探し」、「ことばの意味」等の検査から測定。小学生対象。

❸ 『小学生の読み書きスクリーニング検査（STRAW）』（宇野彰著、インテルナ出版）
 →発達性読み書き障害児検出のためのスクリーニングとして活用することを目的に作成された、小学生用の検査集。

❹ 『ことばのテストえほん』（田口恒夫著、日本文化科学社）
 →「話しことばの障害」をできるだけ早期に発見し、適切な指導を行なうためのスクリーニング・テスト。

❺ 『ひらがな単語聴写テスト』
 →『読み書きが苦手な子どもへの〈つまずき〉支援ワーク』（村井敏宏著、明治図書出版）に収録されている。特殊音節の誤り数や誤りパターンから読み書きのつまずきのタイプをアセスメントする。

解答例 ❹

問題37

音韻認知の発達について、単独では全く評価できないのはどれでしょうか。

❶ 視写（文字を写し書きする）
❷ 聴写（聞いたことばを書く）
❸ 復唱（まねして言う）
❹ 呼称（絵を見て名前を言う）
❺ 逆唱（逆順に言う）

解答と解説

❶は、音韻認知を必要としません。アラビア語の読み方がわからなくても、視写はできます。他は音韻処理がかかわっています。

音韻処理の能力にも、発達的な順序があります。

4歳後半：音韻分解、語頭音、語尾音の抽出
5歳前後：語中音の抽出
　　　　　例）「はさみ」のまんなかは何？
5歳後半：しりとり、2モーラ語の逆唱
　　　　　例）たこ　→　こた
6歳前半：逆唱　3モーラ語の逆唱
　　　　　例）はさみ　→　みさは
　　　　モーラ削除（2～3モーラ）
　　　　　例）あたま→あま

しりとりには、① 語尾音を取り出し、② その音が語頭に来る単語を心の中の辞書から検索し、③ 検索した語が、過去に登場しなかったか比較し、④ 発語する、という複雑な処理を必要とします。

解答例　❶

ことばをつくろうゲーム

一文字ずつは読めるが、単語のまとまりとしての認識を育てたい、音韻分析力を高めたい子に用いる教材例です。

▶ **YouTube 動画**
https://www.youtube.com/watch?v=YX4gcbO-CIA

問題３８

音韻分析の力を純粋にテストしていないのはどれでしょうか。

❶「めだか」は、いくつの音でできているかを尋ねる。
❷ 先生が言ったことばを逆順に言ってもらう。
❸「めだまか」の「ま」をとったら何になるでしょうと問う。
❹ 単語のどの位置に「か」がつくかを問う。
❺「めだか」はどれ？　と複数の写真から選ばせる。

4 学習障害

解答と解説

❺でも音韻分析能力の弱さの一面を垣間見ることができるかもしれません。しかし、写真の選択は語いが関与してしまい、純粋に音韻分析の力をテストしていません。

解答例 ❺

ことば遊びを通して、音韻分析力を高めたい

- 「たまご」はいくつの音でできている？ ・・・・・(音韻分解)
- 「たまご」、「たまど」2つは同じだった？ 違った？
   ・・・・・・・・・・・・・・・(異同弁別)
- 「たまど」合っている？ ・・・・・・・・・・・(正誤弁別)
  ※ 自己弁別…自分の発音を聞き分ける。
    他者弁別…他人の発音を聞き分ける。

- 「たまご」の「ご」はどこ？ ・・・・・・・・・(位置弁別)
- 「ま」は入っているかな？→「たまご」・・・・・(抽出)
- 「たまらご」から「ら」をとると？ ・・・・・・(削除)
- 「たご」の間に「ま」をつけると？ ・・・・・・(合成)
- 「ごまた」を反対から言うと？ ・・・・・・・・(配列順の変換)

▶ **YouTube 動画**　　**音韻抽出**

音韻抽出
https://www.youtube.com/watch?v=vX3_MA3ZC8I

問題39

　小２男児。主訴「文字を書くとき、『ら→だ』『だ→ら』と書く」。知的な遅れなど、他の問題は見られません。以下は検査の結果です。

・「ラ」「ラシ」など、単音節から無意味音節までをまねして言わせると、正確に発音した。
・上記での聴写（きいたことばを書く）も正確だった。
・単語の呼称では一部音が入れ替わり、絵を見て書くときも同じように誤った。（例：「ダイコン」→「ライコン」、「ラクダ」→「ダクラ」など、40語中20語）

本人も間違わずに書けるようになりたいと訴えました。家庭で練習する場合、適切な内容はどれでしょうか。

❶ 「実は、『だくら』→『らくだ』なんだよ」と教え、正しい文字カードの選択の練習をする。
❷ 他者が「ダクダ」「ラクダ」と言うのを聞き、正しい方を選ぶ練習をする。
❸ ラ行ダ行を含む単語の絵を見て呼称する練習をする。
❹ ラ行ダ行音を含む、初めて聞く単語の聴写をする。
❺ 「『ラ』が聞こえたらボタンを押してね。『ダダダダラ』」という聞き分け練習をする。

4　学習障害

解答と解説

　事例の子は、単音節のラ行とダ行との聞き分けや、一音と一文字との対応もできています。しかし単語レベルでは誤っています。これは、単語の誤った学習が現在まで残り続け、聞き分けの力がついたあとも、そのままになっている可能性が考えられます。

　現在は聞き分けはできているので、単語の誤学習を修正すれば良いでしょう。

　誤学習が修正されれば、「構音での誤り」も改善されるかもしれません。

❷ 単語そのものを誤って覚えているわけですから、聞いて選択させるより、文字を見て選択させた方がよいでしょう。
❸ まずは単語レベルの誤学習を修正しないと、混乱するだけです。
❹ 未学習の単語もよいですが、まず、誤学習した既習の単語を修正することが優先されるでしょう。
❺ 無意味音節レベルまでは聞き分けはできているので、不要な指導です。

解答例　❶

問題40

次の書字の誤りの中で、もっとも共通した原因と考えられる組み合わせはどれでしょうか。

```
          正              誤
a  はなは、きれい  →  はなわ、きれい
b  寒い          →  冷い
c  日本銀行       →  日本人口
d  代表          →  大小
e  百           →  貝
```

❶ a b　　❷ b c　　❸ c d
❹ d e　　❺ a e

4 学習障害

解答と解説

a 「くっつきの『は』」、書字規則の理解の問題です。
b ことばの意味を正確に捉えていない可能性があります
c 「ぎ」と「じ」との音韻の弁別ができていない可能性があります。
d 「しょ」と「ひょ」の音韻の弁別ができていない可能性があります。
e 漢字の形を正確に捉え、再生する視覚認知の問題の可能性があります。
　cとdは、音韻の弁別の問題がある点で共通しています。

---

aへの指導例

| はな | は | 、きれい | 。
| わごむ | を | かける | 。

文字カード

---

bへの指導例

冷たい（さわったら）
寒い（気温がひくい）

説明＋ロールプレイ

---

c, dへの指導例

きんぎょ　　きんじょ

類似音比較

---

eへの指導例

白 ⇒ 百

欠所補充課題

解答例 ❸

コラム③

ひらがなが読めない子への通級指導の思い出

「どうしてこの子が、ことばの教室に通うのですか? 何の問題もないですよ」

ことばの教室の経験が浅い頃、新1年生の学級担任の先生に言われたことばでした。もともとその子は「言えることばの数が少ない」との主訴で、幼児療育センターから引き継ぎを受けた子でした。

「字を書かせると、習字の先生のようにきれいです」

私は何も言えずに、学校を後にしました。

しかし、数ヶ月後。再び学級担任の先生の学校を訪れると、興奮気味に話されたのです。

「先生! どうして通っているかわかりました。字はきれいに写すのに、文字が全く読めず、言われたことばを全く書けないのです」

私は、通級の理由が認められたうれしい気持ちと、子どもを心配する気持ちとで、複雑になりました。もともと、文字の読み書きが主訴ではありませんでした。しかし、今で言うワーキングメモリの弱さ、音韻認識の遅れが、話しことばや読み書きに共通して影響していることは確かでした。

ひらがなよりも漢字の読みの方が流ちょうでした。音韻分析力への負荷が少ないからでした。漢字の読みと言語理解とを兼ねての指導を進めました。学級担任の先生も、ひらがな50音表を机上に置くことを許可してくださるなど協力的でした。

他児よりも読める漢字の数が多くなり、読むことに自信がつき始めました。そして、2年生の前半までにはひらがな、カタカナの読みを習得しました。

毎回の指導は試行錯誤でした。でも楽しい思い出なのです。きっと子どもにとっても。

5
情緒障害

心の叫びを内側から理解する

ベーシックドリル

○×で答えてください。×の場合は正答を考えましょう。

❶ 自閉症は、情緒障害の一種である。

❷ 場面緘黙は、言語障害ではなく、情緒障害の一種である。

❸ PTSD（心的外傷後ストレス障害）によって学校生活に支障がある場合も、情緒障害として教育支援が可能である。

❹ 心理的理由による不登校は、教育上、情緒障害である。

❺ ADHD の多動性も情緒障害である。

5 情緒障害

解答と解説

❶ ✕
自閉症と情緒障害とは全く異なります。自閉症は育て方ではなく、先天性の発達障害です。かつては同一視されていましたが、文部科学省はこの2つを明確に区分しています。

❷ ◯
場面緘黙は、言語能力が低いから発症するのではありません。

❸ ◯
被虐待や被災など、発達障害以外の視点も必要です。

❹ ◯

❺ ✕
心理的な原因による多動と、生得的な多動とは違います。
両者は鑑別が難しい場合もあるでしょうが、どんな条件で「多動性」が表れるのか、行動観察をよく行なって判断することが大切です。

問題41

被虐待児について、誤っているのはどれでしょうか。

① 嚥下（飲み込み）ができなくなることがある。
② 攻撃的な態度と思いきや、急に甘えるなど、愛着のアンバランスを示すことがある。
③ よく眠れなくなったり、食欲が低下したりすることがある。
④ 多動、衝動性が現れることがある。
⑤ 衣服や食事、文房具などが整っていて、教育レベルが高ければ、虐待の可能性は低い。

5 情緒障害

解答と解説

❺ 生活環境は整っていても、子どもからみて、自己決定権を奪われていれば、それは虐待です。

子どもの情緒障害では、例えば以下のような現れ方をします。

●不安
  ・人の顔色をうかがう・頭痛・胸痛・食べ物を飲み込めない

●うつ
  ・絶望「もうだめだ」・孤独感「さびしい」・気分が変わりやすい
  ・自己肯定感の低下「自分はだめだ」・自責の念「自分のせいで」
  ・睡眠障害・疲れやすい・食欲低下など
    → ねむれない、ねむりが浅い、途中でめざめる

● PTSD（心的外傷後ストレス障害）
  ・解離症状・ファンタジー・反応が鈍い・過剰反応など

教育相談で、情緒の不安定さが疑われるときは、食事、睡眠などのことは必ず尋ねるとよいでしょう。
また子どもとの面接では、上記のことがないか観察します。学級担任など関係者からの情報収集の際も、上記のようなことがないか尋ねます。一見元気で食事がとれていても、絵の色遣いに抑うつ的な表現が見られないか、保健室や職員室等に頻回に行っていないかなども重要です。

解答例 ❺

問題４２

家では話せるが、学校で話せない小２女児。学級での
もっとも適切な指導はどれでしょうか。

❶ 話せるようになるまで、みんなの前で発表の訓練を行なう。
❷ 学級で順番に当てるとき、本児はとばすようにする。
❸ 親の過保護、放任が要因なので、愛情を適切に与えるようお願いする。
❹ 安心できる人、場所、活動内容を保障し、子どものペースに合わせて難易度を上げる。
❺ 「なぜ学校では話せないのかな」と本人に聞いてみる。

5 情緒障害

解答と解説

❶ 話す訓練は不安を強めるだけで無効であり、有害です。
❷ とばされる本人の気持ちはどうでしょう。指さしなど、音声以外の方法で回答する方法もあります。家族経由で、本人の希望を確かめることが必要です。
❸ 場面緘黙は、親の過保護、放任が原因ではありません。
❹ 理解のある友達を隣の席に配置する。授業中の発言は首振りや指さしなど、子どものやりやすい方法を尊重する。学校の行事の予行演習を家庭で行なう。放課後、誰もいないときに親子で学級に入って会話するなど、さまざまな工夫が考えられます。
❺ 本人に尋ねても、わかるはずがありません。

解答例 ❹

場面緘黙の「原因」

原因はまだよくわかっていませんが、不安になりやすい気質があるらしいことはわかっています。

なお、「親の養育態度が悪かったから」「心的外傷(トラウマ)を負ったから」ということではないこともわかっています。

もちろん、家族の問題がある事例もあり、丁寧な対応は必要ですが、「原因」ではないのです。

子どもに何か問題があると、何でも親のせいにしようとするのは、科学的な態度とは言えません。支援者は正しい知識をもとに、子育ての応援団としての立場で接するべきです。

問題４３

　家では流ちょうにたくさん話せるのに、学校では全く話せない小１女児。適切な通級指導は、どれでしょうか。

❶ リズムのある文の音読で、発話の流ちょう性を高める。
❷ 返事するまで長時間でも待ち続ける。
❸ 話しかけることも緊張を高めるので、話しかけない。
❹ 最低限、挨拶のことばは言えるように訓練する。
❺ 質問するときは、「はい、いいえ」の首振りで答えられるようにするなど工夫する。

5 情緒障害

解答と解説

「場面緘黙」は、話す能力があるにもかかわらず、特定の場面や人に対して話すことができません。

話す能力が低いことが原因ではないため、話す訓練は意味がありません。

❶ 流ちょうに話す能力はあるので、意味がありません。
❷❹ 訓練的に声を出させようとすると、かえって不安が強まるでしょう。
❸ 話しかけられることは嫌ではありません。むしろ求めています。

解答例 ❺

> **Point**
> ### 「場面緘黙」についてのリーフレットを教室に
> 「かんもくネット」には、場面緘黙についての啓発リーフレットが公開されています（http://kanmoku.org）。また、学術的な研修資料やスクリーニングなどもあります。
> また、「広島市言語・難聴児育成会 きつおん親子カフェ」では、吃音啓発リーフレット『吃音の正しい理解と支援のために 吃音のある子どものまわりの方へ』というリーフレットを公開しています（https://stutteringpccafe.webnode.jp/）。
> ことばの教室にはさまざまな子が通います。正確な知識の啓発のために、各種リーフレットを活用するとよいでしょう。

問題44

　場面緘黙のある小2女児、Fさんの通級指導。先生と1対1だと話せません。母親が同席すると、母親経由で先生に話し始めました。次の指導で不適切なのはどれでしょうか。

❶ 母親に席をはずしてもらう。
❷ 母子と3人でゲームをする。
❸ 母親経由でも受け止め、ことばを返してあげる。
❹ 母親経由の会話で良いので、母親の対応を支持する。
❺ 先生に直接話せるまで、母親の同席を勧める。

5 情緒障害

解答と解説

「人、場所、活動内容」の3要素に注目します。

子どもにとって不安になりにくい3要素を整え、十分に安心できる環境を整えます。そして時期が来たら1要素ずつ、徐々に変化を加えてみます。

❶ 母親経由ですが、先生に意思を伝えようとはしています。この段階で席を外してもらうのは、ステップが荒いと言えます。

❷❸❺ 子どもが伝えやすい方法で、コミュニケーションを豊かにしていきます。

❹ 母親は自分が甘やかしたから、など自責の念にとらわれていることが多いです。子育てのせいではないことを伝え、支持します。

解答例 ❶

不安階層表（一例）

不安レベル	人、場所、活動内容
5	教室で先生経由で友達と話す
5	教室で先生と話す
5	教室でお母さんがいて先生と話す
4	教室でお母さん経由で先生と話す
3	教室でお母さん、先生と過ごす
2	教室でお母さんと話す
1	教室でお母さんと過ごす

※どんな条件で不安になりやすいかを子どもにきいて表を作成する。もっとも安心できる環境を大切にし、子どものペースに合わせて難易度を少しずつ上げていく。

問題45

　Fさんと母親と担当者の3名で「ババ抜き」をしています。それまで母親経由で話していたFさんが思わず、「先生の番！」と発声しました。適切な対応は、どれでしょうか。

❶「よくしゃべってくれたね！」とほめる。
❷「あ、先生の番か」と普通に反応する。
❸「これからもしゃべってくれる？」と約束する。
❹「友達とも同じようにね」と助言する。
❺「もう一回言って」と発話の定着をはかる。

5 情緒障害

解答と解説

　「しゃべったか、しゃべらなかったか」に注目すると、本人もそのことに注意が向き、余計に話せなくなります。

　思わず声が出ても、そのことを取り上げてほめてもいけません。あくまでも内容に対して普通に反応します。

　リラックスしてくると、思わず声が出てしまうことがあります。本人も「しゃべっちゃった」と思うでしょう。

　しかし再度発話を促しても、声は出ません。

　子どもにとって楽しい経験を重ねる中で、リラックスして自然に声が出てくるのを長い目で見守ることが大切です。

解答例 ❷

Point　場面緘黙と知能検査

　場面緘黙のある子には、他の問題を併せ有することがあります。言語能力などの問題がないかを知ることは大切です。

　そのために「知能検査」もありえるでしょう。ただ、検査者と十分な信頼関係ができ、家庭内と同じぐらい話すことができるようになるまでは、行なうべきではないと思います。本当はわかるのに答えられないため、知的障害と判断されてしまう可能性があります。指さしだけで回答できる PVT-R（絵画語い発達検査）は、まだ良いかもしれませんが、「場面緘動」（場面により動作が萎縮し緩慢になること）があれば同じことです。

　検査の前に、家庭など話せる場での言語理解や表現、学習の様子、生育歴などの情報収集がまずは大事です。

コラム④

場面緘黙のある女児へのさりげない「支援」

　場面緘黙のある新小学1年生の女児、Gさん。就学前に校内をお母さんと見学し、場所に慣れてもらいました。

　そして入学式を迎えました。まず学級での朝の会です。机の上には、新しい教科書が山積みで、周りは家族でいっぱいです。教室は張り詰めた緊張感がみなぎっています。

　学級担任の先生は、一人ずつ子どもの名前を呼びました。子どもたちは挙手とともに元気に返事し、起立しました。

　その子の番が近づきました。

　その子は硬い表情でした。

　あと3人、あと2人、次の番……。

　そして、ついに、その子の番。

　「Gさん……」

　呼ばれたその子は、数秒の沈黙のあと、ゆっくり起立しました。

　やはり、お返事はできませんでした。

　先生はどう声がけするだろう。

　参観していたお母さんの不安もピークに達したでしょう。

　普通であれば、

　「ちゃんと返事をしなさい」「次は言えるようにね」

　と声がけするでしょう。

　しかし、先生はおだやかな口調で、こう言ったのです。

　「Gさん、立ってくれてありがとう」

　私は涙をこらえるのが精一杯でした。

　こちらこそ、子どもを理解してくれてありがとう。

6
行動面
(自閉症・ADHD を含む)

子どもの行動には
理由がある

ベーシックドリル

○×で答えてください。×の場合は正答を考えましょう。

❶ 参観日では落ち着いて授業を受けているが、日常は多動な場合、子どもが計算高いだけであり、障害ではない。

❷ ADHDのある子は叱責を受けやすいため、自己肯定感が低下し、人格的、精神的な問題につながることがある。

❸ 気さくに人と接する子は、自閉症ではない。

❹ ADHDを疑っても、ソーシャルスキルの未熟や、認知特性のかたより、睡眠や体調、情緒面など、他の要因の影響についてもよく調べることが必要である。

❺ 自閉症は心を閉ざす病気だから、心を開放する手立てが必要である。

6 行動面

解答と解説

❶ ×
一定の条件では本人もがんばろうとするが、無理をしているので疲労が蓄積する子もいます。すわっていること自体にエネルギーを費し、長続きしないでしょう。

❷ ○
反社会性人格障害に至る人が20％を超えるというデータもあるようです。
また大人のASD（自閉スペクトラム症）では30％以上の人が強迫性人格障害に陥るとのデータもあるようです。

❸ ×
話し好きなど、気さくさがあるように見えても、環境の変化への柔軟な対応や、社会的なルールの理解など、いざというときに困ることがあります。「社交性」より、「社会性」がポイントです。

❹ ○
見た目の症状だけでなく、背景に何があるのか、情報収集して手立てを考えることが重要です。

❺ ×
自閉症は「心を閉ざす病気」ではありません。社会的コミュニケーションなどの苦手さを示す発達障害です。内向的、外向的などの性格は子どもによって異なります。

問題４６

ADHD の特徴として、一つだけ異なる性質のものがあります。どれでしょうか。

❶ なくし物が多い。
❷ 言語理解は良好だが、人の話を聞いていないように見える。
❸ 人の話を遮って、自分が話してしまう。
❹ 日々の活動で忘れっぽい。
❺ 自分の順番が来てもボーッとして気づかない。

6 行動面

解答と解説

❸は「衝動性」です。それ以外は「不注意」でしょう。ADHDには、「不注意」「衝動性」「多動性」の3つの表現型があり、混合型もあります。子どもによって主たる症状が異なります。

解答例 ❸

教材紹介

ミスしても怒られないゲーム

① あっち向いてほい

じゃんけんをして、勝敗を判断して、その結果に合わせて動作する。瞬時の判断と動作が必要。

② 船長さんが言いましたゲーム

「船長さんが言いました。座ってください」など、「船長さんが言いました」を先につけたときだけ指示に従うゲーム。

③ トランプ「スピード」

数字の組み合わせを素早く判断し、動作することが必要。

④ じゃんけんの鬼ごっこ

お互いに軽く手を握り、じゃんけん。勝ったら握る、負けたら逃げる。

⑤ だるまさんがころんだ

鬼を見ながら、動作を止めたり、動かしたりする。

あくまでも一例です。子どもの実態に合わせるのが前提です。

問題47

「落ち着きがない」を主訴に就学予定の幼稚園年長男児のHさん。アセスメント情報が整理されました。

アセスメント情報

家族構成	両親、兄（小2）、本児（6歳）の4人家族
生育歴	定頸0歳3ヶ月、寝返り0歳6ヶ月、ハイハイ0歳9ヶ月、つかまり立ち0歳10ヶ月、歩き始め1歳0ヶ月、喃語0歳4ヶ月、指さし0歳10ヶ月、一語文1歳0ヶ月、1歳半健診、3歳児健診指摘無し
病歴	特記事項なし
教育歴	○×幼稚園（3年保育）
学習	ひらがなの読み書き可能。計算は小学1年生レベルまで可能。手先は器用。
運動面	粗大運動、巧緻運動ともに優秀、体力もある。
生活面	食事睡眠は規則正しい。よく眠れている。
検査	田中ビネー知能検査V　生活年齢6歳0ヶ月 精神年齢6歳0ヶ月、IQ100、基底年齢6歳

主訴に照らして、子ども理解のために決定的に欠けている情報は何でしょうか。

6 行動面

解答と解説

「落ち着きのなさ」が主訴なので、幼稚園での行動面の様子についての情報がもっとも大切です。また、先生や幼稚園がどのように対応しているか（支援体制）についても必要な情報です。

解答例　幼稚園での行動の様子

エピソード

私自身の生育歴

出生時体重	2500g	くびのすわり	12ヶ月
初歩	1歳6ヶ月	一語文	2歳6ヶ月

幼稚園時代は、人が恐く、少しのことで泣いてばかりでした。先生からの手紙には「もう泣かないでね」と書かれていました。友達の会話がダイナミックすぎて、不安でした。年に1回の花火大会では、音が恐くて泣いていました。

小学校時代は、自分だけ知らないことばでみんなが話していることに孤独を感じていました。

高校時代は自殺念慮から離れられませんでした。

学校ではまじめで、先生の指示に従うことのみが善だと思っていましたが、学校そのものは嫌いでした。

高校3年生のあるとき、NHKラジオ第一放送の「子育て相談」を聴きました。自分に当てはまることが多いのに気づきました。救われる思いがしました。

学校の先生になるつもりはありませんでしたが、学校の外から子育てに関与する仕事をしたいと思うようになりました。「ことばの教室」は、まさにそうした場でした。

相談に見える親子と出会うときは、自分の生育歴を思い出して、自分のことのように感じ取ろうと心がけています。

問題48

　Hさんと母親が面接に訪れました。1対1の面接時は長時間の着席姿勢が保たれ、「落ち着きのなさ」が感じられません。次の対応で不適切なのは、どれでしょうか。

❶ 面接時の様子から、心配ないことを保護者に説明する。
❷ 「落ち着きがない」のはいつ、どこで、どのように、いつから気になったかを保護者に尋ねる。
❸ 子育てで困っていることを保護者に尋ねる。
❹ 友達とのコミュニケーションについて保護者にうかがう。
❺ 幼稚園生活の楽しいこと、嫌なことを本人に尋ねる。

6 行動面

解答と解説

　面接は子どもにとって非日常であり、日頃の様子と違っていることが少なくありません。面接場面だけで判断してはいけません。

　また、「落ち着きのなさ」は、いつ、どのように、どの程度生じるのかなどについて詳しくうかがう必要があります。

　ADHDをすぐに疑う前に、食事、睡眠、体幹の支持性、情緒の安定、そのときの活動内容や興味関心の幅、その他体質的な問題など、多方面から検討します。

　また、保護者が子育てに苦労していることが少なくありません。つい叱ってしまう罪悪感、周りの人に子育てを責められることでの自信喪失、関係者への不信感を抱いている場合もあります。保護者には、これまでの子育てをねぎらい、共感し、支えるという姿勢で面接することが大切です。

解答例

> ### Point 科学的根拠がない、親を責めることば集
> 「子どもは、すべて育て方次第だ」「ちゃんと座っていられないのは、小さいときからしつけていないから」「人見知りが激しいのは、一日中母子だけで家に閉じこもっているから」「箸が上手に持てないのは、小さいときから経験させていないから」「オムツがとれないのは、トイレをしつけていないから」「吃音があるのは、神経質な母親だから」「チックがあるのは、母親が過干渉だから」「ことばの遅れがあるのは、両親が農家で、祖父母に預けっぱなしだから」「文字が読めないのは、幼児期から文字に触れさせなかったから」など

問題49

　ADHDの診断がある小1男児の通級指導です。友達5人で双六をしましたが、何度も順番抜かしをしてしまいます。勝負へのこだわりは強くなく、ルールの理解も良好です。適切な指導はどれでしょうか。

❶ その都度、順番を抜かさないよう叱責する。
❷ 順番を抜かすたびに、本人の順番もとばすルールにする。
❸ 順番カードをわたされた人が、さいころを振るルールにする。
❹ 順番を抜かされた人の気持ちを考えさせる。
❺ すごろくを禁止にする。

6　行動面

解答と解説

　勝負へのこだわりが強くなく、ルール理解も良好なので、「ずる」や理解力の問題ではなく、遂行の段階、つまり「うっかり抜かしてしまう」のだと考えられます。本人に悪気はないので、叱責やペナルティーを与える指導は不適切です。また、他人の気持ちを考えさせる指導もあり得ますが、「うっかり」が主体の場合、罪悪感だけを強め不適切と言えます。「うっかり」を防ぐための工夫を当面続けることで、本人の遊びの成功体験を積むことをめざします。

解答例　

うっかり乱暴なことばを言うＩさん

　「死ぬ」をうっかり言ってしまう小２男児、Ｉさん。初めは、気に入らないことがあったときに言っていました。しかし、日常生活の中でも、癖のように言うようになりました。

　お母さんはその都度厳しく、「そんなことばを使うな」と叱責していましたが、効果がありませんでした。

　認知的なアンバランスや衝動性のあるＩさん。お母さんには、以下のことを提案しました。
① 「死ぬ」には本質的な意味はないので、安心して良い。
② ことばを禁止するのでなく、他のことばを提示する。
③ 口頭での注意でなく、カードに代替語の例を見せる。
④ そのカードは責める意図でなく、他のことばに言い換えたらすてきという意味であることを予め説明しておく。

　ことばの教室と家庭とで同じ対応をとった結果、数週間で、「死ぬ」を言いそうになっても、自分で止めて、他のことばに言い換えるようになりました。

問題50

　小3男児2人。2人とも、知的な遅れのない自閉症の教育的判断があります。グループ指導で、おもちゃの奪い合いが発生し、クールダウン後に話し合いをしました。不適切な対応はどれでしょうか。

❶ 順番に使う方法を提案する。
❷ おもちゃで遊びたかった気持ちをまず受け止める。
❸ 人の物を奪ってはいけない、と禁止事項のみを指導する。
❹ そのおもちゃで何をしたかったのか尋ねる。
❺ 次回の通級で使う「予約」をする。

解答と解説

いちがいに、どれが正しいとは言いがたいかもしれません。

ただ、自閉症のある子の場合、禁止事項だけを指導されても、どうやっていいのかイメージができない可能性があります。

まず、おもちゃで遊びたかった気持ちや理由を尋ね、わかってもらえたということが大切です。その上で、対処法を具体的に指導します。「○○しない」でなく「△△する」の教示が大切です。

その方法をとることで、「待てば遊べる」など、自分も遊べるという結果に結びつくようにします。

実際には、問題文の選択肢でもうまくいかないことも多いかもしれません。行動の背景を見ながら、柔軟に対応することが大切です。

解答例　❸

コラム⑤

目先の「できない」だけでなく長い目で見た支援を

ことばの教室を担当して20年が経ちました。当時担当した子どもたちと、偶然出会うことがあります。

小学校低学年の通級指導時には多動で、構音練習どころではなかったが、中学校ではすっかり落ちついた方。

「死にたい」を連発し、生きる気力を失っていたが、高校では生き生きとアルバイトをしている方。

乱暴なことば遣いが頻回だったが、高校では敬語を使い礼儀正しい青年になった方。

小学校では学習の遅れに対して指導されてきたが、高校では人間関係に悩み、中退した方。

不登校で、家から一歩も外に出られなかったが、中学校では自分のペースを見つけてなんとか通えている方。

この方たちと出会うたびに「今の指導が将来どうつながっていくのか」「目先の『できないこと』にとらわれて、その子にもっとも必要なことを見失っていないか」ということを考えさせられます。

「サ行がシャ行になります」「落ち着きがありません」といった、教育相談の主訴と年50ケースほど出会います。

そのときに大事にしているのは、「その子の卒業後、就労後のために、今すべきことは何か」です。

近視眼的に、できないところを突いて、卒業したらおしまいではなく、長期的視野に立って検討したいものです。

7
難 聴

つらいのは
きこえないことだけでなく
孤立を感じること

ベーシックドリル

○×で答えてください。×の場合は正答を考えましょう。

❶ 周波数によって、聞こえる語音が異なる。例えば、「サ行」は、500Hz付近の聴力が低下すると聞き取りにくい。
❷ 中耳炎は「感音性難聴」である。
❸ 就学時健診時の聴力検査では、1000Hzで30dB、4000Hzで25dBが聞こえるかをテストする。
❹ 片側だけが聞こえないという場合は、日常生活に支障がないので、配慮は不要である。
❺ 聴覚障害は、就学前後までに発見されれば良い。

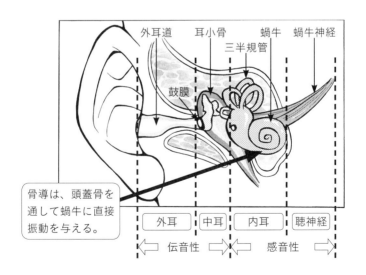

7 難聴

解答と解説

❶ ×

「サ行」は、2000Hz～4000Hz の高い音。
250～500Hz 付近は、母音やバ行、マ行など。
語音によって、主な周波数が異なります。
「スピーチバナナ」と言います。

❷ ×

中耳炎は「伝音性難聴」です。「感音性難聴」は、蝸牛の聴覚神経から脳に至るまでの間のトラブルです。

	耳の部位	難聴の種類
伝音性難聴	外耳	耳垢塞栓による難聴など
	中耳	中耳炎、耳硬化症など
感音性難聴	内耳	ムンプス難聴、先天性感音難聴、先天性風疹症候群、突発性難聴、メニエール病、騒音性難聴など

❸ ○

会話でもっとも大事な領域です。

❹ ×

子どもによっては、音がどこから聴こえてくるかわからない、小さい声では聴き取りにくいなどのようすがあります。難聴に気づかれにくいことが多いです。

❺ ×

ことばの発達などに大きく影響するため、早期発見、早期対応が重要です。

問題51

　左右とも平均40dBの難聴のある小2男児。適切な対応はどれでしょうか。

❶ 子どもの目の前で話しかける。
❷ 緊張しないよう子どもの後ろから話しかける。
❸ 遠くから大声で話しかける。
❹ 一音ずつ区切って話しかける。
❺ 騒々しいところで聞く訓練をする。

おーあいっああ、
　　あおえうー？
（今日、帰ったら遊べる？）

7 難聴

解答と解説

平均40dB は「軽度～中等度難聴」です。

❷ 後ろから挨拶されても、気づかないことがあります。逆に、話し手が後ろを向いていても聞き取りにくいです。

❸ 遠くから大声だと、母音だけが強調され、聞き取りにくいです。遠くからでなく近くから、大声でなく普通の大きさで話しかけることが大切です。

❹ 一音ずつでなく、単語、文節ごとに区切って話します。

❺ 騒音が少しでもあると、ことばの聞き分けは難しくなります。聞き取りやすい環境の保障が大切です。

解答例　

難聴度分類

難聴の程度	聴力レベル	説明
正常	25dB 未満	
軽度難聴	25～40dB 未満	小さい音、騒音下の会話が聞き取りにくい。
中等度難聴	40～70dB 未満	普通の大きさの会話で聞き間違い、聞き取りにくい。
高度難聴	70～90dB 未満	非常に大きい声か補聴器でないと会話が聞き取れない。
重度難聴	90dB 以上	補聴器でも聞き取れない。

問題52

構音障害の背景に難聴がある場合があります。「サ行、シ、ツ」のみに歪み、または子音の省略がある場合、まず疑う難聴はどれでしょうか。

❶ 高音急墜型難聴
❷ 急性中耳炎による難聴
❸ メニエール病による難聴
❹ 耳垢塞栓（耳垢がつまる）による難聴
❺ 耳硬化症による難聴

7 難聴

解答と解説

「サ行、シ、ツ」は、高い周波数の音です。高音急墜型の難聴がある場合、これらの構音に障害が見られることがあります。

逆に、「マ行、ナ行、バ行、ダ行、母音」などは、低い周波数の音です。高音急墜型難聴の場合は影響を受けにくいでしょう。

著者がメニエール病を患って聴力が低下した際、低い音が聴き取りにくくなりました。特にマ行、ナ行の子音部分が聴き取れないため、プールに入ったとき、子どもが「波」と話したのに「アイ」としか聴きとれませんでした。

このように語音によって周波数の高さは異なり、難聴の種類によって影響を受ける音域は異なります。

解答例 ❶

Point
軽度〜中度難聴がある場合の聴こえ方

子どもによって違いますが、以下の場合があります。

① 音源定位困難
　→音がどの方角、どれぐらいの距離から聴こえたかわかりにくい。話し合い活動では、誰が話したかわかりにくい。
② わずかの騒音でも聴きとりにくくなる
　→マイクを放置すると、さまざまな騒音が入り込み、本当に聴きたい音が聴き取りにくくなるのと同じ。
③ 難聴のある側から話しかけられると聴き取りにくい。
　→座席は工夫が必要である。
④ 音源が遠いと、音がぼやけて聴き取りにくい。
　→遠くから大声よりも、近くから普通の声で話しかける。
⑤ ほとんどは聴こえるが、一部聴き取れないので、「聴こえるはず」と誤解されやすい。本人も誤解しやすい。
　→何が聴こえなかったかを自分で考えながら聴くのは疲れる。

問題53

就学時健診で難聴が疑われた就学児のJくん。詳しい検査のため耳鼻科を紹介しました。気導聴力検査で不適切なのは、どれでしょうか。

❶ 左右のうち、聴こえが良好な側から測る。
❷ 静かな部屋で行なう。
❸ 1000Hzから始める。
❹ 60dBの大きさから聞かせ、徐々に小さくする。
❺ 子どもには、操作卓が見えないようにする

7 難聴

解答と解説

就学時健診の聴力検査は、1000Hz の30dB、4000Hz の25dB でテストします。このスクリーニング検査にパスしない場合は、詳しい聴力検査を受けることになります。

❹ 60dB では、反対側の耳に音が届いてしまいます。また、基本は、小さい音から徐々に大きくします。

解答例 ❹

> Point
>
> ### 詳しい気導聴力検査の仕方
>
> ① ヘッドホンを両耳にあてる(怖がる子がいるので、アニメキャラを貼っておくなど工夫する)。
> ・髪の毛が挟まらないようにする。
> ・耳にぴったりフィットするように調整する。
> ② 聴力に左右差があることが予めわかっているときは、聴こえが良好な側から測る。
> ③ 1000Hz →2000Hz →4000Hz →8000Hz →1000Hz (ここで1回目の 1000Hz の値と大幅に変わっていないか確認) →500Hz →250Hz →125Hz の順に計測する。
>
> ※数値を鵜呑みにするのでなく、子どもの社会性、コミュニケーション能力などと付け合わせて解釈する。
> ※「聴こえたらボタンを押す」ができない子は、挙手させるなど工夫する。

問題54

年長女児親子が、耳鼻科で行った聴力検査の結果を持参しました。以下のオージオグラムと矛盾のない解釈はどれでしょうか。

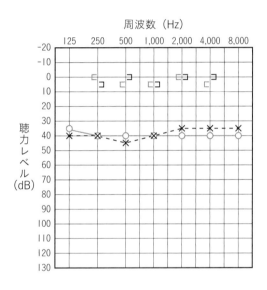

❶ 外耳から中耳までの伝わり方に問題がある。
❷ 内耳の聴覚神経から中枢までの伝わり方に問題がある。
❸ 音が歪んで聞こえる。
❹ 片耳だけが聞き取りにくい。
❺ 大きすぎる音を聞いて聴覚神経が損傷している。

7 難聴

解答と解説

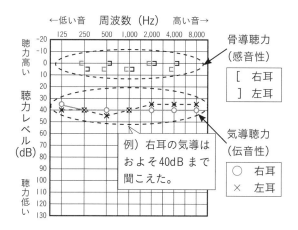

「気導」は、外耳から入った音が鼓膜を振るわせ、その振動は耳小骨→蝸牛に伝わります。そして蝸牛の中のリンパ液が振動し、聴覚神経が震えることで、電気信号に変わります。

ところが「骨導」は、頭蓋骨から蝸牛の聴覚神経に直接振動を伝えるため、外耳〜中耳（外耳道、鼓膜、耳小骨）を通りません。

つまり、「骨導聴力」が正常で「気導聴力」が低い場合、外耳〜中耳、蝸牛に振動が伝わる経路のどこかの異常を示唆しています（134ページの図を参照のこと）。

❷ 骨導聴力は正常ですから、聴覚神経から中枢には異常は示唆されません。
❸ 音が歪むのは、内耳以降に問題があった場合、つまり感音性の場合です。
❹ 左右差は見られません。5 dB 程度は誤差の範囲内です。
❺ 騒音性難聴は4000Hz 付近が落ちます。

解答例

問題55

難聴のある小3男児。以下の会話は何かがずれています。どういうことか指摘してください。

7 難聴

解答と解説

男児は、「お兄さん」を「おじいさん」と聞き間違えたようです。

会話が成立しているように見えますが、実際には、ほんの一部の音の聞き間違いにより、根本的な誤解が生じます。

「聴こえているはずなのに」と誤解されやすい例です。

コラム⑥

難病を患って気づかされたこと

「メニエール病の一種です」と診断されて、聴覚障害についての捉え方が一変しました。

私は平成24年3月下旬、右耳に耳閉感と痛み、音が歪んで聞こえることをきっかけに、耳鼻科を受診しました。

毎日の点滴治療と、この世の物とは思えないほど酸っぱい水薬の服用を半年続けても、聴力は下がり続け、右耳は低音部で55dBまで低下しました。

少しの雑音で、人のことばが聴き取れなくなりました。遠くから声をかけられると、自分に声をかけていることに気づけませんでした。複数の人が話し合っている中に入ると、どこから聴こえてくるかわからず、話の内容についていけませんでした。職員室では、右側の遠くの先生の発言は全く聴き取れなくなりました。

そして一番ショックだったのは、音楽が聴けなくなったこと。右耳で聴く音階が半音ずれて、楽しい曲も、すべてホラー映画のように聴こえました。

医師からは、「聴力を回復するというより、これ以上、悪くならないことを考えましょう」と言われました。

ことばの教室では、子どもの発音が聴き取りにくくなりました。もともと発音も歪んでいるので、余計に通じにくくなりました。

特にマ行、ナ行などのことばが聴き取れなくなりました。だいたい聴こえているようで、一部が聴き取れません。そのためにトラブルも起きました。

人との会話で困ったのは、「聞き返して良いか」ということでした。あまり聞き返すと、相手も良い気持ちになりません。「まずいことを言ったのだろうか」と思わせたり、あからさまに再度言うことが面倒そうに話したりする方もいました。かといって、わからないままにしておくと、後でトラブルにつながりかねません。

相手が私の病気を知っていれば、聞き返しやすかったのですが、知らない場合には、告知する必要がありました。

その結果、工夫して話してくださった方もいれば、話すことを避けるようになった方もいました。

避けられることは、強い孤独感につながりました。

つまり、「聴こえない」という物理的な問題だけでなく、人付き合い、社会とのアクセス全体につながる問題なのが、「難聴」だと実感しました。

現在は、症状は緩和しています。でも、障害名だけでなく、本人の気持ちや立場を内側から理解して子どもに接していただろうか、ということを振り返る貴重な経験となりました。

8
法律面

どこに住んでいても
必要な教育支援を受けられるために

ベーシックドリル

○×で答えてください。×の場合は正答を考えましょう。

❶「通級による指導」とは、普段は在籍学級で過ごし、一部の必要な時間に特別の場に通うシステムである。

❷「通級による指導」を利用するには、医学的診断が必要である。

❸ LD や ADHD については全員通級による指導を受けさせる義務がある。

❹「言語障害通級指導教室」と「言語障害特別支援学級」とでは、対象となる児童・生徒は同じである。

❺「言語障害通級指導教室」では、情緒障害や学習障害など言語障害以外は、法律的に対象にできない。

8 法律面

解答と解説

❶ ○

在籍学級の授業を抜けても、出席扱いになります。

❷ ×

「通級による指導の対象とするか否かの判断に当たっては、医学的な診断の有無のみにとらわれることのないよう留意し、総合的な見地から判断すること。」※

❸ ×

「通級による指導の対象とするまでもなく、通常の学級における教員の適切な配慮やティーム・ティーチングの活用、学習内容の習熟の程度に応じた指導の工夫等により、対応することが適切である者も多くみられることに十分留意すること。」※

❹ ×

通級指導教室は「通常の学級での学習におおむね参加でき、一部特別な指導を必要とする程度の者」
言語の特別支援学級は「（障害の）程度が著しい者」※

❺ ×

「当該教員が有する専門性や指導方法の類似性等に応じて、当該障害の種類とは異なる障害の種類に該当する児童生徒を指導することができること」※

※「障害のある児童生徒等に対する早期からの一貫した支援について（通知）」（25文科初第756号、平成25年10月4日）より

問題５６

「通級による指導」の対象に含まれないのは、どれでしょうか。

❶ 言語障害者
❷ 情緒障害者
❸ 自閉症者
❹ 知的障害者
❺ 学習障害者

解答と解説

「通級による指導」の対象は、「学校教育法施行規則第百四十条」に定められています。

一 言語障害者
二 自閉症者
三 情緒障害者
四 弱視者
五 難聴者
六 学習障害者
七 注意欠陥多動性障害者
八 その他障害のある者で、この条の規定により特別の教育課程による教育を行うことが適当なもの

それぞれの障害の定義は、「障害のある児童生徒等に対する早期からの一貫した支援について（通知）」（25文科初第756号、平成25年10月4日）に書かれています。

知的障害者は、比較的多くの時間、特別の指導が必要と考えられているので、通常学級＋通級の対象に入っていません。

解答例

問題57

「通級による指導」の主旨として適切でないのはどれでしょうか。

❶ 各教科・科目の学習の遅れを取り戻すための指導
❷ 構音障害と読字障害のある子に、音韻意識を高める指導
❸ 吃音に対して、発話の流ちょう性を高めるための指導
❹ 場面緘黙のある子に対し、安心感を保障した遊びの指導
❺ 自閉症のある子に、ルールのある遊びのグループ指導

8 法律面

解答と解説

「文部科学省告示第百七十六号」(平成28年12月9日)で、「学校教育法施行規則」の「ただし書き」の改正について触れられています。

つまり、単に各教科・科目の学習の遅れを取り戻すための目的で指導ができると解釈するのは誤解である、と解説されています。

> 「通級による指導」は、単に勉強の遅れを取り戻すための時間ではない。
> 「学び方を学ぶ」場。

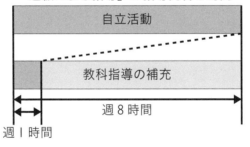

「通級による指導」の指導内容と時間

> 現在の法令では、週最大8時間の通級時間のうち、最低1時間は自立活動を行なうことになっている。

解答例

問題58

通常学級在籍の小中学生の「通級による指導」で、法令的な主旨にそぐわないのはどれでしょうか。

❶ 「発達障害の診断を受けた子は、全員通級措置」を基準とする。
❷ 軽度難聴の子が、授業時間に近隣の聾学校へ通級する。
❸ ことばの教室と発達障害通級指導教室との併行利用を行なう。
❹ 指導室を設置せず、放課後、空いている学級を利用しての通級を行なう。
❺ 特別支援学級在籍の子がいない時間などに、その学級へ入っての通級指導を行なう。

解答と解説

❶は、結果として全員になることを認めないわけではないでしょう。しかし、障害があっても、通常学級での指導の工夫などで対応できる場合もあります。通級による指導は、支援の選択肢の一つに過ぎません。

❷〜❺は、地域によって違うかもしれませんが、国レベルでは認められています。

> カ　通級による指導の対象とするか否かの判断に当たっては、医学的な診断の有無のみにとらわれることのないよう留意し、総合的な見地から判断すること。
>
> キ　学習障害又は注意欠陥多動性障害の児童生徒については、通級による指導の対象とするまでもなく、通常の学級における教員の適切な配慮やティーム・ティーチングの活用、学習内容の習熟の程度に応じた指導の工夫等により、対応することが適切である者も多くみられることに十分留意すること。
>
> 「障害のある児童生徒等に対する早期からの一貫した支援について（通知）」（25文科初第756号、平成25年10月4日）より一部引用

解答例

問題59

中学校への通級指導教室の設置について、誤っているのはどれでしょうか。

❶ 年齢的に心理的な抵抗感があることや、部活動の時間の都合などから、通級の同意に至らないことが多い。
❷ 小学校卒業後も、引き続き通級指導が必要な子はおり、設置は喫緊の課題である。
❸ 対象となる障害は、小中とも同じである。
❹ 通級指導時間数の取り扱いは、小中とも同じである。
❺ 国が制度化していない。

8 法律面

解答と解説

❺ 国は制度化しており、小学校での設置と同じ基準です。
ただし、実態としては、小学校よりはまだまだ数が少ないと言えます。高校でも通級による指導が開始されます。中学校への設置も喫緊の課題と言えます。

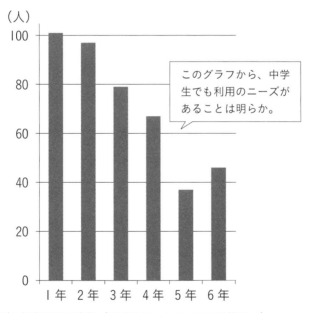

ことばの教室利用児童数（平成26年、オホーツク言協調べ）

このグラフから、中学生でも利用のニーズがあることは明らか。

解答例 ❺

問題60

高校の「通級による指導」が、平成30年度から始まりました。誤っているのはどれでしょうか。

❶ 対象となる障害は、小中学校と同じである。
❷ 個別の指導計画に従って指導し、その成果が目標から見て満足な場合、単位認定する。
❸ 年間35単位時間を下回る場合は、単位認定できないので、翌年度リセットされる。
❹ 自校通級、他校通級、巡回指導を可能とし、条件を勘案して効果的な形態を選択する。
❺ 年間7単位を超えない範囲で認められる。

解答と解説

❸ 複数の年度にまたがって、合算で35単位時間としても認められます。

> Ⅰ　改正の趣旨
>
> 　具体的には、高等学校又は中等教育学校の後期課程に在籍する生徒のうち、障害に応じた特別の指導を行う必要があるものを教育する場合には、特別の教育課程によることができるようにするとともに、その場合には、障害に応じた特別の指導を高等学校又は中等教育学校の後期課程の教育課程に加え、又はその一部（必履修教科・科目等を除く。）に替えることができることとし、また、障害に応じた特別の指導に係る修得単位数を、年間7単位を超えない範囲で全課程の修了を認めるのに必要な単位数に加えることができることとする。

「学校教育法施行規則の一部を改正する省令等の公布について（通知）」（平成28年12月9日、文部科学省初等中等教育局長通知）　より一部抜粋

解答例　❸

コラム⑦

「なんでも通級」になっていないか

「ことばの教室に通級する基準を教えてください」

子どもによって判断が異なる「曖昧な判断基準」に疑問を感じたスタッフのことばでした。

私は丁寧に説明したつもりでしたが、「わかるようで、わからないようで」と腑に落ちない様子でした……。

部屋の整理をしていたら、今から25年前の教室運営資料が出てきました。この資料は、以前務めていたことばの教室で先輩が作成していたマニュアルです。今はその教室には保管されていないようです。しかし、久しぶりに開いてみると、驚くべき内容が示されていました。

「教育相談〜受付から会議、事後措置まで」のページにはこう書かれていました。

「通級の是非については、諸々の条件も考慮して全体的に判断する」

この文言は国が平成5年4月1日に通級制度を正式にスタートさせたときの通知と同じ主旨となっています。この冊子は、それより2年も前に書かれたものです。

障害があるから、苦手なことがあるから、なんでもすぐに通級、という昨今の傾向を感じます。しかし、諸先輩はそのことへの注意を早くから促していたのです。

AさんとBさんとは、構音障害の音が同じです。しかし本人にとっての「問題」は同じではありません。「見た目の症状だけでなく、子ども全体を理解した上で対応すること」。ことばの教室が大切にしてきたことだと思います。

9
教育相談

「相談してよかった」と言われるとき
この仕事をしていてよかったと思う

ベーシックドリル

○×で答えてください。×の場合は正答を考えましょう。

❶ ことばの教室の教育相談は、通級が前提である。
❷ 原則として、まずは面接を行ない、情報収集は相談後に行う。
❸ 教育相談は、教室の方針を伝えるために行なう。
❹ 保護者の話をうかがうので、子どもは必ずしも来室する必要がない。
❺ 子どもとの面接は障害を特定するために行なう。

解答と解説

❶ ×
通級は支援の選択肢の一つに過ぎません。

❷ ×
情報収集を予め行ない、面接時に必要な内容、検査法の選択を検討します。

❸ ×
保護者、本人の相談内容を傾聴し、支援につなげるために行ないます。

❹ ×
本人とも面接し、周辺情報を付け合わせて、総合的な子ども理解につなげます。

❺ ×
障害の教育的判断は必要ですが、一人ひとりの違いを理解し、支援の手立てに結びつけるのが第一の目的です。

9 教育相談

解答と解説

教育相談の流れ（例）

1 教育相談申込書受理、相談日程調整

2 在籍学級等の情報収集、生育歴調査票回収

3 職員事前打ち合わせ（面接の視点、検査の選択など）

4 相談当日（面接、検査）

5 職員事後打ち合わせ（支援の手立ての検討）

6 支援の手立ての提案（保護者、在籍学校など宛）

教育相談の留意事項

1）子どもの全体的な理解に基づく支援の手立ての検討のため、情報収集を多面的に行なう。面接場面だけで判断しない。
2）いつも同じ検査法ではなく、事前情報から、必要な検査法を選択する。
3）何よりも、相談後、親子が笑顔で退室できるようにする。

問題61

　教育相談の面接時の座席の位置について、適切なのはどれでしょうか。

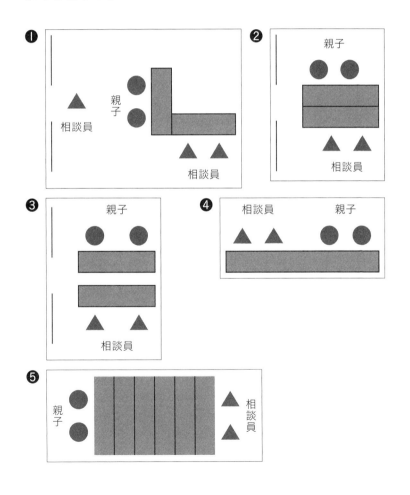

解答と解説

❶ 相談員が出入口をふさぐと、親子は不安になります。
❷ 真正面に正対すると緊張します。わずかに横にずらすと良いでしょう。
❸ 離れた机は、「互いの立場に距離」を感じさせます。
❹ 机の向こうに窓があって、美しい風景が見えるならあり得るかもしれませんが、とても話しにくいでしょう。
❺ 遠すぎます。

解答例 ❷

インテーク（初回）面接時の注意

① 温かな笑顔で迎える。
　→間違い防止のため、名前を言っていただく。
② 相談員の自己紹介
　→「○○学校の△△と申します」
③ 来室への謝意、ねぎらい、目的の確認
　→「お忙しい中来てくださいましてありがとうございました。今日はお子さんが安心して学校生活が送れるよう、ご一緒に考えさせていただければと思います」
④ 資料の受け取り
　→先に受け取る。面接後半では遅い。
⑤ 主訴の確認
　例）「改めて、ご相談の内容をお聞かせください」

問題62

問診票に「かたづけられない」と記載。面接時の不適切な質問は、どれでしょうか。

❶ それはいつからですか。
❷ それはどんなときに感じますか。
❸ 初めに気づいたのは誰ですか。
❹ どんな対応をして、その結果はどうなりますか。
❺ どんなしつけをしてきたのですか。

9 教育相談

解答と解説

❺は、かたづけられない原因が「しつけ」であることを前提にしているように聞こえます。そして保護者が責められているという印象を受けます。

相談員は、犯人捜しでなく、「かたづけられない」具体的な様子や、背景、親子の苦労の歴史を共有し、対応方法を一緒に考えるという姿勢が大切です。

❶ それはいつから始まったのか、もともとかたづけられないのか、環境が変化した時期と一致していないかなどを尋ねます。

❷ かたづけられないときの周りの条件は何か。逆にかたづけられるのはどんなときかを尋ねます。

❸ 「かたづけられない」と感じるのは誰なのか、お母さんだけなのか、他の人の評価も尋ね、見方の違いを理解します。

❹ うまくいった対応、いかなかった対応を整理することで、今後の対応のヒントにします。

解答例 ❺

問題63

　心配しすぎる保護者が、不安を語り始めたときの適切なことばかけは、どれでしょうか。

❶ そんなことはないですよ。
❷ ○○がご心配なのですね。
❸ 大丈夫です。心配しすぎです。
❹ そんな子は他にもいっぱいいます。
❺ 昔から、そんな子はいっぱいいましたよ。

9 教育相談

解答と解説

❶❸❹❺ 心配しすぎると思われる場合でも、本人にとってはリアルな現実です。それを否定されると、相談しなければよかったという気持ちになります。

否定せず受け止めて、ともに考えるという姿勢がまずは大事です。

解答例 ❷

育てにくい子どもだからこそ

> 「子どもへの話しかけが少なかったから」
> 「愛情が不足しているから」
> 「手をかけすぎるから」
> 「きょうだいがいるから(いないから)」
> 「育てたように子は育つ」
> 保護者を責めるネタ探しは、いくらでもできます。
> でも、そもそも、声をかけても反応が薄かった子なのかもしれません。毎日が子どものパニックの連続で、罪悪感と絶望、怒りの中で、なんとか生きてきたのかもしれません。
> 「親の育て方が悪かった」とわかったようなつもりになるのではなく、一つひとつの事例を事実を元に多面的に見ていくこと、そして子育ての当事者の立場で、ともに考えるという姿勢が大切です。

問題64

相談面接のすすめ方について、不適切なのは、どれでしょうか。

❶ 「どう思いますか？」と答えにくい質問をされたら、「○○を迷っておられるのですね」と返してみる。
❷ クレームが主の場合は、共感的に聞くことに徹し、要点をまとめて返す。
❸ 何度か繰り返すことばに、保護者の本当の主訴が隠れているため、掘り下げる。
❹ 保護者の言い分を正確に記録するため、すべてのことばをその場でメモする。
❺ たくさんの心配を訴える保護者には、もっとも心配なことはどれかを尋ねる。

解答と解説

その場でのメモは必要最低限とし、面接が終わってから詳しく記録します。話すことをその場ですべて書かれると、保護者にとって、話しにくい雰囲気を作ってしまいます。

また、メモに夢中になり、保護者の顔を見ずに下ばかり見ることになってしまいます。

解答例

保護者と呼吸を合わせた相談面接

○たくさんの相談ごとを話す方
　→相談内容を傾聴しつつ共に整理し、一番心配なことを尋ねる。

○特に心配なことはなく、勧められるままに来室した方
　→「問題は何もないのですよね」と、理不尽な気持ちを受け止め、来室の経緯をうかがう。

○これまでの相談に不満のある方
　→反論するのでなく、不快な思いをさせたことをまずは率直にお詫びする。

○通級を前提に来室した保護者
　→通級は支援の手立ての一つであることを説明する。通級する場合にできること、学級との役割分担についても説明する。

問題65

　幼稚園からの支援体制の継続には、特別支援学級への就学が妥当と思われた就学予定女児。しかし、保護者は難色を示しました。不適切な対応はどれでしょうか。

❶ 就学先の学校見学をお勧めする。
❷ 抵抗感がある理由を尋ね、実際との違いを説明する。
❸ 将来、通常学級に戻れなくなるわけではないことを説明する。
❹ 通常学級への共同、交流学習の具体的な例を説明する。
❺ 他児の迷惑になる理由を主に説明する。

解答と解説

❺ 「他児にも学習権があるので」と言った説明では、子どもよりも学校の都合が大事なのか、と思わせてしまいます。あくまでも本児にとって、という視点で話をします。

解答例 ❺

教育相談は「教える」のではなく「引き出す」

相談面接を進めていくと、迷いの森の中に入っていき、脱出できなくなるように感じることがあります。

そんなときに、こちら側が安易な解決方法を提案しようとすると、付け焼き刃的になり、不穏な空気が流れてしまいます。

その悩みが、いつ、どこで、どのような条件で発生するのか、いつからなのかなどを尋ね、整理していくと、その中に解決方法を発見することが少なくありません。

保護者自身に解決方法を発見していただくため、
「うまくいったときは、どんなときですか？」
「これまでに試してきた方法を教えてください」
と尋ねるようにしています。

相談では、何か立派な解決方法を提示しなければ、と思いがちです。しかし、一番大切なのは、来室者自身の解決力が引き出されることなのでしょう。

私たちは「お産婆さん」の役回りでありたいと思うのです。
そして「それでいいよ。大丈夫」と伝えたいのです。

コラム⑧

教育相談は子育てのおつき合いの場

「誰も理解してくれなかったけど、今日は理解してくれた」と涙ながらに話されたお母さんがいらっしゃいました。相談にかかわらせていただいてよかったと思える瞬間です。

教育相談で、大切と思うことを書いてみます。

① 単に検査結果を伝える場ではなく、子どものトータルな理解を共有する場であること。「○○ができないから」ではなく、「○○できるようになるために、必要な環境は」という観点で考える。
② 保護者、子どもの想いに寄り添うこと。保護者の悩み、主訴を字義通りに解釈するのでなく、その背景をさまざまな情報をもとに、深く理解しようと努めること。単に「場の決定」をするだけでなく、その後の親子や関係者がポジティブな流れになるようにかかわること。
③ 面接場面だけでなく、保育園や幼稚園、学校、家庭、地域などでの様子をできるだけ詳細に把握し、子ども理解に努めること。思いつきや思い過ごしではなく、事実を正確に積み上げること。矛盾した情報は、その中に答えがある。
④ 保護者や関係者を責めるようなかかわりをしてはならないこと。関係者、関係施設もまた、「育ちの過程」にあることを受け止め、その実態の背景の理解に努めること。
⑤ 相談員が当事者意識をもつこと（もし自分がこの保護者だったら、子どもだったら、学級担任だったら）。

10
アセスメント・検査

検査を絶対視してはいけない
頭から否定してもいけない

ベーシックドリル

○×で答えてください。×の場合は正答を考えましょう。

❶ WISC-Ⅳの全検査IQと、田中ビネー知能検査ⅤのIQとは、ほぼ同じ意味である。

❷ 就学時健診時の一斉知能検査は、知的水準が詳細にわかる。

❸ 行動観察や生育歴よりも、検査結果がまず重視される。

❹ 学級担任に発達検査を依頼されたら、まず検査を行なう。

❺ 検査は能力を測定し、訓練によってその数値を高めるために行なう。

10 アセスメント・検査

解答と解説

❶ ×

WISC-IVのFSIQは、同年齢の子と比較しての相対的な位置を表します。田中ビネー知能検査のIQは、(精神年齢／生活年齢)×100で求められます。単純比較はできません。

❷ ×

就学時健診時の知能検査は簡易なものであり、「知的障害の疑いがあるか、ないか」を振り分けるに過ぎません。

❸ ×

検査結果は、子どもの能力の一部を示すに過ぎません。また、子どもが小さいときほど、気分や体調などによって結果が左右されやすいです。周辺情報と検査結果とが不一致の場合は、その理由の中に鍵があります。

❹ ×

検査は、子ども理解の手段の一つに過ぎません。
通級担当は、検査を依頼されることが多いと思います。しかし、すぐに実施するのでなく、まずは行動観察が重要です。日常の学級での様子を詳しく尋ねます。その上で、「あたり」をつけてから、検査を検討します。

❺ ×

検査で扱う問題は、諸能力の代表にすぎません。その問題ができるようになったからと言って、その能力の全体が伸びたというわけではないでしょう。検査結果の数値を伸ばすことに自己目的化してはなりません。
検査は、得意な力を使って苦手なことにアプローチするなど、日常の支援の検討のために行ないます。

問題66

年長女児の就学相談。主訴「ことばがつたない」。他の相談員がPVT-R（絵画語い発達検査）を実施し、報告がありました。

PVT-R（絵画語い発達検査）

生活年齢　5歳10ヶ月
語い年齢　5歳1ヶ月
評価点　　8（平均の下）
　　　　　　　　（○年○月○日○○市教育支援委員会）

解釈と仮説について、もっとも適切なのはどれでしょうか。

❶ 9ヶ月の遅れがあり、特別支援学級（言語）を勧める。
❷ 言語能力全体に遅れがあり、文法指導を行なう。
❸ 絵の描写能力に遅れがあり、絵日記を勧める。
❹ 語いは9ヶ月の遅れであり、語いの指導を行なう。
❺ 語いは平均的であり、主訴の背景を再度詳しく尋ねる。

解答と解説

　PVT-R（絵画語い発達検査）は、語い力を測定します。言語能力全体や、知的水準を測るわけではありません。

　また、PVT-R は「入口の検査」であり、これだけでは詳細は判断できません。

❶ 9ヶ月遅れでも、評価点は「8」です。平均の範囲内です。
❷ この検査では、文法能力はわかりません。
❸ 絵を指さす検査であり、絵の描写能力とは関係ありません。
❹ 評価点は「8」であり、「遅れ」とは評価できません。

　PVT-R の場合、評価点の標準偏差は「3」です。つまり「10±3」以上でなければ、平均から差があるとは解釈できません。

　また、「PVT-R の値が低いから、語いの指導」というのは、単純です。「語い」には、さまざまな「語い」があります。

解答例　❺

検査法の例と数値

	評価点平均と標準偏差	標準得点、合成得点と標準偏差
PVT-R	10±3	＊
WISC-Ⅳ	10±3	100±15
KABC-Ⅱ	10±3	100±15
DN-CAS	10±3	100±15

同じ得点法なので比較できる

問題67

検査を実施した機関から、以下の報告書が届きました。

```
               報告書
WISC-IV  生活年齢7：8
 FSIQ                    93
 VCI（言語理解）          93
 PRI（知覚推理）          95
 WMI（ワーキングメモリ）  94
 PSI（処理速度）          96
                      平成○年○月○日実施
                           ○△発達外来
```

検査結果の解釈について、適切なのはどれでしょうか。

❶ 全般的な知能水準に遅れはないので問題ない。
❷ 全体的に100を少し下回るので、知能はわずかに低い。
❸ 言語理解がわずかに低いので、語いを伸ばす指導を行なうとよい。
❹ 言語理解＜知覚推理なので、目でみてわかる指導を行なうとよい。
❺ この情報だけでは、解釈できない。

10 アセスメント・検査

解答と解説

❶ FSIQ から、全般的な知能水準に遅れはないことが示唆されます。しかし、下位検査間の差異があるかもしれません。
❷ 合成得点の100と90台とでは、統計学的な差はなく、誤算の範囲内です。
❸❹ 数値の「有意差」の有無は、数字の印象だけで判断できません。マニュアルを参照して、その差が「まれ」かどうかを見ます。事例では、各合成得点の差が、1～3しかありません。統計学的には「有意差なし」です。

なお、この報告書には、たとえば以下のような問題があります。
a 合成得点が確定値のような書き方になっている。「93（88-99）（90％信頼区間）」のように、幅をもって記載する必要がある。
b 「パーセンタイル」「記述分類」の記載がない。
c 下位検査間に差異があれば、合成得点の解釈は慎重に行なう必要があるが、その旨の記載がない。
d 検査時の様子についての情報がない。
e 相談内容（主訴）と、それに対応する具体的な支援の方針、内容についての言及がない。

このような書き方の問題もあり、解釈は困難です。

解答例 ❺

Point

以下のページに、WISC-Ⅳの実施報告書の書き方が載っています。
日本文化科学社ホームページ（http://www.nichibun.co.jp/）→日本版 WISC-Ⅳ テクニカルレポート→ Report ＃2 実施・報告の使用者責任と所見の書き方

問題６８

検査結果の解釈について、適切なのはどれでしょうか。

❶ 検査結果と、日常の様子とが矛盾する場合、検査結果の方が正しい。
❷ 検査の結果は、日常の様子や生育歴情報などと付け合わせて解釈する。
❸ WISC-Ⅳで、FSIQ（全検査IQ）が65→67に上昇すれば、IQが伸びたと解釈される。
❹ 検査中の子どもの様子の情報は、検査の解釈を歪ませるため用いない。
❺ 少しヒントを与えて正答できたときは、マニュアル通りでなくても、できたと見なす。

10 アセスメント・検査

解答と解説

❶ 検査結果と周辺情報とが不一致の場合、その理由を検討することが大切です。
❸ FSIQ が65→67に上昇しても、統計的な意味はありません。
❹ 検査中の子どもの様子は、検査結果を解釈する上で欠かせません。
❺ 標準化された検査では、マニュアル通りに実施しないと正確な結果が出ません。

解答例 ❷

検査法実施の注意点

1 主訴や目的に応じて検査法を選択する。
2 検査は標準化された最新のものを用いる。
 →フリン効果(検査刊行から10年ごとに、点数が3ポイントずつ上昇してしまう)。古い知能モデルは使えない。
3 子どもの負担が最小限で、最大に活用できるようにする。
4 子どもの体調や気分が落ち着いているときに行なう(早朝、夜遅くなどは好ましくない)。
5 実施前に、子どもとの信頼関係をつくる。
6 背景理論やマニュアルを十分理解してから実施する。

など

問題６９

　自校の小１男児。母の主訴「勉強が遅れている」。
　保護者との面接前に、アセスメントを行なうことにしました。まず行なうのはどれでしょうか。

❶ WISC-IV
❷ KABC-II
❸ CARD（包括的領域別読み能力検査）
❹ 森田 - 愛媛式読み書き検査
❺ 授業中の行動観察、ノート閲覧、学級担任から情報収集

10 アセスメント・検査

解答と解説

いきなり検査を実施する前に、行動観察や情報収集が重要です。

その上で、仮説を立てて、必要な検査を検討します。

「『勉強の遅れ』は、いつ、だれが感じたのか」「どの教科、内容がどのように遅れているか」「他の関係者の評価は」「勉強の遅れの背景には何があるか」などの情報を集めます。

テストやノート、作品なども、つまずきの分析に役立ちます。

解答例 ❺

収集する情報例

> 情報は、聞き漏らさない、聞きすぎない。

1. 主訴
2. 家族構成、家族状況(構成だけでなく、人間関係も)
3. 生育歴(母子手帳、各健診、医学的情報など)、教育歴
4. 言語、コミュニケーション
5. 社会性、行動面
6. 運動面(粗大運動、巧緻運動)
7. 学習面(得意分野、苦手分野、学級内での相対的位置)
8. 基本的生活習慣(食事、睡眠、生活自立など)
9. 得意なこと、興味(指導に活かす)
10. 在籍校(園)の支援体制(TT、放課後指導、座席、声がけなど)

> 情報収集は「支援につなげるため」を意識しながら。

問題70

知能検査の結果を保護者へ説明する際、適切なのはどれでしょうか。

❶ 数値だけをシンプルに報告する。
❷ 数値だけでなく、解釈や支援の手だても含めて説明する。
❸ 苦手なところを中心に説明する。
❹ 日常の様子と検査結果とが一致するか、保護者に尋ねるのはよくない。
❺ がんばって訓練を受ければ、検査の数値は伸ばせる、と励ます。

10 アセスメント・検査

解答と解説

❶ 検査は、指導・支援の手立てにつなげるために行ないます。
❸ 得意なところ、苦手なところをバランス良く説明します。
❹ 検査結果が実態と合っているか、妥当性の確認が必要です。
❺ 検査は、その数値を伸ばすために行なうのではありません。子どもの実態に合った指導の手立てを検討するために行ないます。

解答例 ❷

保護者への説明資料例

○○○○さんへの支援例　　　　　　　　　　　平成　　年　　月　　日

お子さんのようす	対応例
・一度にたくさんのことを言われると混乱しやすいようです。 ええと、教科書をしまいなさい。机にしまうのよ。早くしなさい。ちゃんとしまいなさい。名前をノートに書くので、ええと、そのためには、ノートと鉛筆を出して、きれいに丁寧に書きなさいよ。	・説明や指示は端的に短く、ポイントをしぼって。実際にやって見せるようにします。 これから、3つのことをします。 1　教科書をしまいます。 2　ノートと鉛筆を出します。 3　名前を書きます。
・ことばだけの長い説明だけではわかりにくいです。	・目で見てわかるように、実物を見せたり、図示、写真を見せたり、実際にやってみて示します。

保護者や学級担任は、検査の結果を見てもわかりません。
具体的にわかりやすい資料を作成しています。

コラム⑨

支援につなげない検査はしない方がよい

「この学会は、検査の数値だけでなく、行動観察や主訴などを大事にしてきた。日常の指導での行動観察の情報がなければ、検査結果は解釈できない」

ある学会での事例検討での一コマです。

助言者やフロアーからの意見を聞いていて、ほっとした気持ちでした。

この道で長く研究をしている先生ほど、データだけでなく、周辺情報を大事にしようとされているのだと感じました。

私もよく検査法についての研修をお願いされることがあります。やぶさかではありません。

ただ、検査ができるようになっても、「解釈なき検査」「支援につなげない検査」「誤った解釈、周辺情報なき解釈」になるならば、実施した意味がありません。

「検査をすればいろいろなことがわかるのではないか」との期待があります。でも、在籍学級での子どもの様子や、これまでの生育歴、どんな指導、支援をして、どんな反応だったのか、子どもの思いはどうなのかなど、周辺情報を収集して整理することが第一です。

検査しなくても、それらの情報を収集し、整理すると、子どものさまざまなことがわかるものです。

一方、検査がまったく不要というわけでもありません。

子どものその状態が、どのような理由で生じているのか、客観的な尺度で見ることも必要です。

検査の利点と限界とをよく見極めた上で、適切に活用することが大事です。

あとがき

「先生、私はずっとことばの教室の担当を希望することにしました」

「初めはやりたくなかったけど、だんだんやりがいを感じるようになりました」

私は、平成21年度から、ことばの教室を初めて担当した先生のための自主研修会を企画したり、講師として呼ばれたりするようになりました。その中で最近、上記のようなうれしい報告をしてくれる先生が何人もいて、励まされる想いです。

私が「新しい先生への研修支援」で大事にしているのは、「基礎知識を学ぶこと」そして「事例研修」です。

「事例研修」は研修の王道です。基礎知識を講義で学ぶだけでなく、その知識を実際の子どもの指導に落とし込むことが大切です。子どもをどう理解したらよいか、多様な視点を持つこと、そして科学的なセンスで軌道修正することです。

子どもを深く理解しようとしたとき、それは支援者自身の人生の理解につながることにも気づくでしょう。

あなたも「むりやり人事」だったかもしれません。でも、この世界の魅力に気づけば、長く担当することにやりがいを感じることでしょう。一人の子どもの成長を長い年月にわたって見ていけるのが、この教育なのです。

髙川　康

参考文献

『特別支援教育における構音障害のある子どもの理解と支援』
　加藤正子・竹下圭子・大伴潔編著（2012）学苑社
『構音障害の臨床―基礎知識と実践マニュアル―改訂第2版』
　阿部雅子著（2008）金原出版
『言語聴覚療法シリーズ7　改訂機能性構音障害』
　本間慎治編著（2007）建帛社
『子どもの発音とことばのハンドブック』
　山崎祥子著（2011）芽ばえ社
『口蓋裂の言語臨床　第3版』
　岡崎恵子著（2011）医学書院
『特別支援教育の理論と実践Ⅰ～Ⅲ』
　特別支援教育士資格認定協会編（2012）金剛出版
『場面緘黙Q&A―幼稚園や学校でおしゃべりできない子どもたち―』
　かんもくネット著　角田圭子編（2008）学苑社
『場面緘黙児への支援―学校で話せない子を助けるために―』
　Angela E. Mcholm・Charles E. Cunningham・Melanie K. Vanier 著　河井英子・吉原桂子訳（2007）田研出版
『吃音のリスクマネジメント―備えあれば憂いなし―』
　菊池良和著（2014）学苑社
『エビデンスに基づいた吃音支援入門』
　菊池良和著（2012）学苑社
『学齢期吃音の指導・支援　改訂第2版―ICFに基づいたアセスメントプログラム―』
　小林宏明著（2014）学苑社
『社会不安障害のすべてがわかる本』
　貝谷久宣監修（2006）講談社

参考文献

『きこえているのにわからない　APD［聴覚情報処理障害］の理解と支援』
　小渕千絵・原島恒夫編著（2016）学苑社
『発達障害の子を育てる親の気持ちと向き合う』
　中川信子編著（2017）金子書房
『発達障害とことばの相談―子どもの育ちを支える言語聴覚士のアプローチ―』
　中川信子著（2009）小学館
『ことばの教室ことはじめ』
　国立特別支援教育総合研究所編（2015）
『きこえとことば研修テキスト　第2版』
　全国公立学校難聴・言語障害教育研究協議会（2014）
『改訂第2版　通級による指導の手引　解説とQandA』
　文部科学省編著（2012）佐伯印刷
『教育支援資料～障害のある子供の就学手続と早期からの一貫した支援の充実～』
　文部科学省（2013）
『2017年版　言語聴覚士国家試験　過去問題　3年間の解答と解説』
　言語聴覚士国家試験対策委員会編（2016）大揚社

著者紹介

髙川　　康（たかがわ　やすし）
　網走市立中央小学校 教諭
　ことばの教室担当経験23年
　北海道教育庁オホーツク教育局特別支援教育総合推進事業巡回相談員（7年間）
　言語聴覚士、特別支援教育士

イラスト

松原　恭子（まつばら　きょうこ）
　網走市ことばを育てる親の会
　　理事（6年間）、会長（2年間）、広報誌 題字イラスト担当（7年間）
　網走市主催「オホーツクアートセミナー（マンガ講座）」を受講

装丁
　有泉武己

クイズで学ぶ ことばの教室 基本の「キ」
©2017

2017年9月15日　初版第1刷発行
2019年8月1日　初版第2刷発行

著　者　髙川　康
発行者　杉本　哲也
発行所　株式会社学苑社
東京都千代田区富士見2-10-2
電話　03（3263）3817
Fax　03（3263）2410
振替　00100-7-177379
印刷　藤原印刷株式会社
製本　株式会社難波製本

検印省略

乱丁落丁はお取り替えいたします。
定価はカバーに表示してあります。

ISBN978-4-7614-0794-0　C3037

シリーズ きこえとことばの発達と支援

特別支援教育における 構音障害のある子どもの理解と支援
加藤正子・竹下圭子・大伴潔 編著 ●B5判／本体3500円+税

特別支援教育における 言語・コミュニケーション・読み書きに困難がある子どもの理解と支援
大伴潔・大井学 編著 ●B5判／本体3500円+税

特別支援教育における 吃音・流暢性障害のある子どもの理解と支援
小林宏明・川合紀宗 編著 ●B5判／本体3000円+税

基礎からわかる言語障害児教育
日本言語障害児教育研究会 編著 ●A5判／本体3500円+税

全国の担当者に向けて研鑽の場を50年間提供し続けてきた研究会による「押さえておきたい基礎と要点」をまとめた1冊

エビデンスに基づいた吃音支援入門
菊池良和 著 ●A5判／本体1900円+税

吃音外来医師の著者が、マンガや図表を多用し、吃音の最新情報から支援までをわかりやすく解説。長澤泰子氏推薦！

吃音のリスクマネジメント ▼備えあれば憂いなし
菊池良和 著 ●A5判／本体1500円+税

「子どもが、からかわれたらどうしよう」と心配な親御さん、吃音の相談に戸惑う医師やST、ことばの教室の先生のために。

Q&Aで考える 保護者支援 ▼発達障害の子どもの育ちを応援したいすべての人に
中川信子 著 ●四六判／本体1600円+税

療育関係者へ向けた40の質問＆回答集、『発達教育』大好評連載、「親の気持ち──理解し、支えるために」待望の書籍化。

LCSA 学齢版 言語・コミュニケーション発達スケール
大伴潔・林安紀子・橋本創一・池田一成・菅野敦 編著

●B5判変型［施行マニュアルと課題図版のセット］ 小学校第1学年から第4学年の児童対象／本体5000円+税 サマリーシート作成用ソフトや記録用紙が学苑社サイトからダウンロード可能。

アセスメントにもとづく 学齢期の言語発達支援 ▼LCSAを活用した指導の展開
大伴潔・林安紀子・橋本創一 編著 ●B5判／本体2800円+税

言葉に課題のある学齢児を想定し、LCSAを用いて支援の方向づけを行い、それにもとづく指導の方法を具体的に解説

吃音検査法 第2版
小澤恵美・原由紀・鈴木夏枝・森山晴之・大橋由紀江・餅田亜希子・坂田善政・酒井奈緒美 著
解説 ●本体5000円+税／検査図版 ●本体14000円+税

第2版より検査図版と解説が別売りとなった。解説にはスピーチサンプル（CD-ROM）に加え、症状サンプル（DVD）を付加「吃音症状および非流暢性の分類」などを再構成した

どうして声が出ないの？ ▼マンガでわかる場面緘黙
金原洋治 監修 はやしみこ 著 かんもくネット 編
●A5判／本体1500円+税

「なぜ声が出ないのか、どうすればよいのか」を具体的にマンガで説明、適切な対応の手引きを伝える

場面緘黙Q&A ▼幼稚園や学校でおしゃべりできない子どもたち
かんもくネット 著 角田圭子 編 ●B5判／本体1900円+税

72のQ&Aをベースに、緘黙経験者や保護者らの生の声など載せた1-10のコラム、そして17の具体的な実践で構成

難聴児・生徒理解ハンドブック ▼通常の学級で教える先生へ
白井一夫・小網輝夫・佐藤弥生 編著 ●B5判／本体1500円+税

〒102-0071　東京都千代田区富士見2-10-2　**学苑社**　TEL 03-3263-3817(代)　FAX 03-3263-2410
https://www.gakuensha.co.jp/　info@gakuensha.co.jp